Michael Stoffl (Herausgeber)
Fußballstadt Berlin

AF289219

Michael Stoffl
(Herausgeber)

FUSSBALLSTADT
BERLIN

Bibliografische Information der Deutschen Nationalbibliothek:
Die Deutsche Nationalbibliothek verzeichnet diese Publikation in der
Deutschen Nationalbibliografie; detaillierte bibliografische Daten
sind im Internet über http://dnb.dnb.de abrufbar.

Die automatisierte Analyse des Werkes, um daraus Informationen
insbesondere über Muster, Trends und Korrelationen gemäß §44b
UrhG („Text und Data Mining") zu gewinnen, ist untersagt.

© 2025 Michael Stoffl

1. Auflage März 2025

Kontakt: @fussballstadt.berlin (Instagram)

Gestaltung, Satz und Lektorat: Michael Stoffl
Umschlaggestaltung: Micki Fröhlich
Umschlagfoto: Felix Natschinski

Verlag: BoD · Books on Demand GmbH, In de Tarpen 42,
22848 Norderstedt, bod@bod.de

Druck: Libri Plureos GmbH, Friedensallee 273, 22763 Hamburg

ISBN: 978-3-7693-2210-1

Inhalt

Vorwort

Berlin. Hauptstadt. Metropole. Spree-Athen. Das größte Dorf der Welt. Symbol der Teilung und der Einheit. Arm, aber sexy. Und das ist auch gut so. Berlin hat viele Gesichter. Manch einer mag dich so gar nicht leiden; andere wiederum bekommen einfach nicht genug von dir.

Ich bin kein Berliner. Das gleich mal vorweg. Auch wenn ich diese Stadt seit nun mehr als zwanzig Jahren mein Zuhause nennen darf, halte ich mich in kluger Voraussicht meist erfolgreich aus Diskussionen mit Ureinwohnern heraus, wo es denn nun die beste Currywurst gibt oder welches der lokalen Brauerzeugnisse besser aus der Flasche oder frisch gezapft mundet. Denn wie auch bei anderen, mehr oder weniger wichtigen Themen kann hier eine zunächst zielorientiert geführte Debatte schnell in einer hitzigen Kontroverse enden. Der Fußball und all seine Begleitumstände bilden dabei keine Ausnahme.

Wie mittlerweile rund die Hälfte der heute in Berlin lebenden Menschen zähle ich zur Gattung der Zugezogenen. Im Herbst 2003 verschlug es mich in diese von ihrer harschen Herzlichkeit geprägten Stadt mit mehr als 3,8 Millionen Einwohnern. Zur anfänglichen Eingewöhnung und Orientierung zählte freilich auch die Erkundung der hiesigen Fußballlandschaft. Mehr als 350 Vereine (mit einer Vielzahl an Mannschaften in allen Altersgruppen) kicken Woche für Woche auf etwa ebenso vielen Sportplätzen – von der Bundesliga bis hin zur Betriebs- und Freizeitliga. An Angebot mangelt es also nicht. Nach und nach entdeckte ich dabei für mich neue Stadtbezirke und Kieze in all ihren Facetten. Gelegentlich wirken sie vertraut, doch meist empfinde ich sie zunächst als fremdartig, überraschend oder einfach nur unbekannt, jedoch allesamt sehr unterschiedlich. Nicht selten eine Fahrstunde oder mehr von der heimischen Bleibe entfernt eröffnen sich mir neue Horizonte und Weltbilder. Und das alles in ein und derselben Stadt am selben Wochenende.

Nun mag man als Auswärtiger bei Berlin zunächst an alles Mögliche denken, nur nicht an eine große Fußballmetropole – wenn auch die Stadt zwischen Havel und Spree mittlerweile schon fünf unterschiedliche Bundesligisten hervorgebracht hat sowie manch Zweitligisten, die heute weitestgehend in Vergessenheit geraten sind oder zum Teil schon gar nicht mehr existieren. Selbst im Europapokal der Landesmeister (BFC Dynamo) und später in der Champions League (Hertha BSC und 1. FC Union) konnte Berlin seine Visitenkarte schon abgeben. Doch Fußball kommt einem zumeist nicht als Erstes in den Sinn, wenn das Gespräch auf Berlin fällt. Dennoch ist er allgegenwärtig und ein wichtiger Bestandteil des gesellschaftlichen Miteinanders.

Berlin ist entgegen anderslautender Ansichten definitiv eine große Fußballstadt – wenn auch etwas anders aufgestellt als das vielleicht in London, Madrid oder Mailand der Fall sein mag.

Auf meinen regelmäßigen Ausflügen zu den Sportplätzen und in die Stadien der Stadt machte ich im Laufe der Jahre Bekanntschaft mit einigen, die es mir entweder gleichtun (also stets neue Spielansetzungen an unterschiedlichen Austragungsorten aufsuchen) oder andererseits möglichst keine Partie ihrer eigenen Mannschaft verpassen. Wenn man sich dann immer wieder mal über den Weg läuft und letztlich auch ins Gespräch kommt, können daraus auch so manche gute Bekanntschaften und sogar Freundschaften entstehen. Einige dieser Akteure kommen hier nun zu Wort und schildern in ihren ganz eigenen Worten und mit völlig unterschiedlichen Herangehensweisen, was sie bewegt und prägt: sei es die Verbundenheit zum eigenen Kiez oder Bezirk, oder die Identität, die Geschichte und das Engagement des eigenen Vereins. Und wie wird man eigentlich Fan eines bestimmten Vereins? Es darf in Erinnerungen geschwelgt und auch mal ein Blick in die Zukunft gewagt werden.

Kommt also mit auf eine kleine Reise durch die große Stadt auf der Suche nach dem, was den Fußball zwischen Reinickendorf und Köpenick und von Charlottenburg bis Lichtenberg so ausmacht. Doch damit nicht genug: Wir belassen es nicht alleine bei Berlin. Zum Abschluss erlauben wir uns sogar noch einen Blick über den Tellerrand der Stadtgrenze hinaus in einen quirligen Kiez einer benachbarten Landeshauptstadt.

Ein großes Dankeschön geht an alle, die mich bei der Verwirklichung dieser Geschichtensammlung so großartig unterstützt haben.

Michael Stoffl
Berlin, im Februar 2025

BFC Germania 1888

von Benjamin Schaller

Alles begann am 15. April 1888 in der Kreuzbergstraße 75, als der 17-jährige Paul Jestram Fußballgeschichte schrieb. Er und seine Brüder Max, Fritz und Walter hatten Schulfreunde in die elterliche Wohnung eingeladen, um einen Fußballverein zu gründen. Berliner Fußballclub Germania 1888 wurde als Name festgelegt. Wichtiger Punkt in der ersten Vereinssatzung: das pünktliche Erscheinen zu den allsonntäglichen Spielen. Wer zu spät kam, sollte zehn Pfennig Strafe bezahlen, wer komplett fehlte, wurde gar um 25 Pfennig ärmer. Gespielt wurde auf dem Tempelhofer Feld, damals ein Platz für Militärparaden, aber unter den Berlinerinnen und Berlinern jener Zeit auch ein beliebter Ort für Picknicke oder Spaziergänge. Vor den Spielen gegen andere Mannschaften trafen sich die Kapitäne, damals „Spielkaiser" genannt, in den Vereinslokalen, um Prämien und Regeln auszuhandeln. Der Fußball war auf dem Vormarsch, auch wenn der Sport aus den Ecken konservativer Turnvereine als „Fußlümmelei" oder „englische Krankheit" verspottet wurde. Brauchbare Bälle waren in dieser Frühzeit des Fußballs aber noch Mangelware. Meist wurden sie aus England importiert. Ging ein Ball kaputt, hatte das mitunter zur Folge, dass direkt der ganze Verein aufgelöst wurde.

Vor Paul Jestram und seinen Mitstreitern hatten einige wenige andere Pioniere in Deutschland bereits Fußballvereine gegründet. Noch früher dran war beispielsweise der Berliner Fußballclub Frankfurt 1885, benannt nach der Heimatstadt des Vereinsgründers Georg Leux, ein Bildhauer, der wegen seines Künstlerberufs in die Hauptstadt gezogen war. Der BFC Frankfurt und die wenigen anderen Fußballvereine, die vor Germania kamen, stellten jedoch früher oder später den Spielbetrieb ein und verschwanden aus den Vereinsregistern. Den BFC Germania gibt es dagegen bis heute.

Als Wolfang Krüger, genannt Wolle, im Alter von acht Jahren von einem Jungen aus seiner Tempelhofer Nachbarschaft zum ersten Mal zum Training bei Germania mitgeschleppt wurde, hatte sein Verein schon 94 Jahre auf dem Buckel. Es dauerte nicht lange, sagt Krüger, bis er verstand, dass er nicht in irgendeinem Klub gelandet war. Ältester Fußballverein Deutschlands – darauf waren und sind sie stolz beim BFC Germania, damals wie heute. Wolle Krüger, der ohnehin aus einer fußballbegeisterten Familie kommt – er sagt, seine Eltern hätten sich bei einem Spiel der Hertha kennengelernt – hatte damals, im Sommer 1982, seine Leidenschaft für den Fußball entdeckt. Das Halbfinale von Deutschland gegen Frankreich bei der WM in Spanien sei das erste Spiel gewesen, das er sich bewusst angeschaut habe. Pierre Littbarski, Karl-Heinz Rummenigge und Klaus Fischer trafen für Deutschland, im Elfmeterschießen hielt Toni Schumacher zwei Mal und brachte Deutschland damit ins Finale. Bis heute, sagt Wolle Krüger, könne er sich an jede einzelne Szene erinnern. Beim BFC Germania stieg er zu jener Zeit in der E-Jugend ein, er durchlief alle weiteren Nachwuchsklassen und trug auch in der Herren-Abteilung das Germania-Trikot. Zunächst begann er als Rechtsverteidiger, hat sich danach links hinten probiert und ist schließlich auf der Sechser-Position gelandet. Heute spielt er im Ü40-Kleinfeldteam des Vereins und wirkt als Zweiter Geschäftsführer hinter den Kulissen mit. Die Begründung für sein Engagement fällt so lapidar wie logisch aus: „Ich bin sowieso drei Tage pro Woche hier, dann kann ich auch mithelfen." Außerdem sei es gar nicht so einfach, andere Leute zu finden, die sich freiwillig im organisatorischen Hintergrund einbringen wollen. Nur wenige andere der knapp über 300 Mitglieder übertreffen seine 40 Jahre Vereinszugehörigkeit. Zugleich ist es nicht einmal ein Drittel der Vereinshistorie, die Krüger aktiv miterlebt hat. Dies mag die größte Schwierigkeit am Germania-Erbe sein: Die goldenen Zeiten sind so verdammt lang her, dass selbst die alten Granden des Vereins sie nur aus den Geschichtsbüchern kennen.

Wer durch die Archive blättert, stellt schnell fest, dass Germania früher eine große Nummer war. Der Start verlief jedoch holprig. Zunächst wuchs die Mitgliederzahl nur langsam, weshalb im Mai 1889 einige Unzufriedene einen neuen Verein mit dem Namen Berliner FC Marbert gründeten, der kurze Zeit später in Berliner FC Stern 1889 unbenannt wurde und heute als SV Stern Britz in der Landesliga

Mannschaftsfoto aus den erfolgreichen Anfangsjahren

spielt. Ein Jahr später entstand auf Initiative von Georg Leux, dem Gründer des BFC Frankfurt, der sich inzwischen Germania angeschlossen hatte, der Bund Deutscher Fußballspieler (BDF). Auf der Gründungsveranstaltung kam es zum Streit um die Frage, ob es ausländischen Spielern erlaubt sein sollte, in BDF-Wettkämpfen eingesetzt zu werden. Dabei ging es vor allem um jene in Berlin lebende Briten, die noch vor den ersten Vereinsgründungen in ihrer Freizeit auf dem Tempelhofer Feld kickten und damit das Fußballspiel in der Hauptstadt überhaupt erst bekannt machten. Der BFC Germania, der seinen Namen offenbar nicht ohne Grund trug, sprach sich vehement gegen den Einsatz ausländischer Spieler aus. Die Germania-Vertreter handelten im Sinne des „nationalen Zeitgeists der gerade angebrochenen Wilhelminischen Epoche", schreibt der Verein heute in seiner Chronik über diesen Abschnitt – und fügt selbstkritisch hinzu, dass dieses Mitschwimmen im Zeitgeist auch später noch einmal problematische Auswirkungen hatte, als sich der BFC Germania nach der Machtergreifung der Nazis damit rühmte, als erster deutscher Fußballklub jüdische Mitglieder ausgeschlossen zu haben. Damals, bei der BDF-Gründerversammlung, setzte sich

Germania jedenfalls mit seiner ablehnenden Haltung gegenüber ausländischen Fußballspielern durch. Die Berliner Vereine Borussia, Concordia, Askania, Vorwärts und Hellas schlossen sich gemeinsam mit Germania dem BDF an. Die enttäuschten Vertreter der Vereine, die gern international besetzte Teams und Gremien in ihren Klubs wollten, gründeten hingegen etwas später den Deutschen Fußball- und Cricket-Bund (DFuCB).

Vorerst trug jedoch nur der BDF eine Meisterschaft aus, die der BFC Germania prompt für sich entscheiden konnte. Zwar nahmen nur Berliner Mannschaften teil, da der BDF als Verband in Deutschland jedoch zunächst konkurrenzlos war, sieht sich der BFC Germania als inoffiziellen ersten deutschen Fußballmeister. Ob Germania den BDF-Titel ein oder zwei Mal gewann, darüber gibt es in den Chroniken widersprüchliche Angaben. Zweifelsfrei festgehalten ist, dass es am 13. November 1892 zu einem Spitzenspiel zwischen dem BDF-Meister BFC Germania und dem DFuCB-Titelträger English Football Club kam – heute würde man dieses Spiel wohl als Superpokal bezeichnen. Germania gewann mit 3:1 und war damit, vier Jahre nach der Gründung, unbestreitbar ganz oben angekommen. Zum Zeitpunkt des Endspiels war der BDF allerdings bereits aufgelöst. Im DFuCB wollte man die Germanen zunächst nicht haben, die Erinnerungen an deren störrische Forderungen nach ausländerfreien Teams waren noch frisch. Lange hielt der Widerstand aber nicht – sicher auch deshalb, weil der DFuCB es sich nicht leisten konnte, seine Meisterschaft ohne das sportlich stärkste Team der Stadt auszutragen. Germania blieb auch in den Folgejahren konkurrenzfähig, holte jedoch keinen Titel mehr. Stattdessen war es der BTuFC Viktoria, Vorgängerklub des heutigen Viktoria Berlin, der als Seriensieger fünf Meisterschaften in Folge einsammelte. Germania musste sich mit zweiten Plätzen begnügen.

Im Jahr 1900 folgte der nächste große Schritt in der Geschichte des deutschen Fußballs: In Leipzig wurde der Deutsche Fußballbund gegründet, mit Fritz Boxhammer und Georg Demmler waren auch zwei Germania-Spieler beteiligt. Dem erstgenannten fiel bei der Gründungsversammlung sogar die wichtige Rolle zu, die Fußballregeln aus dem Englischen zu übersetzen und damit in eine für ganz

Deutschland gültige Form zu bringen. Im Zuge der zunehmenden Institutionalisierung des Spiels kamen die BFC-Vereinsvorsitzenden letztendlich zu dem Entschluss, dass ihnen die sporadisch abgesteckten Plätze auf dem Tempelhofer Feld nicht mehr ausreichten. Der Verein erwarb in der Ringbahnstraße, nur weniger Meter vom späteren Flughafengelände entfernt, ein eigenes Grundstück und errichtete dort ein permanentes Fußballfeld. Im Oktober 1904 fand erstmals ein Spiel auf dem Germania-Platz statt. Besonders im kollektiven Gedächtnis verankert blieb eine Begegnung, die ein halbes Jahr später folgte: Am 29. April 1905 trat der BFC Germania in einem internationalen Freundschaftsspiel gegen den englischen Amateurklub Civil Service London an. Unter den 1.000 Zuschauern befand sich ein Ehrengast: Kronprinz Wilhelm von Preußen kam zum Spiel – es war das erste Mal überhaupt, dass sich ein Mitglied der kaiserlichen Familie beim Fußball blicken ließ. Kleine Randnotiz: Auch den Civil Service FC gibt es heute noch. Als der englische Fußballverband FA im Jahr 2013 seinen 150. Geburtstag feierte, durfte Civil Service auf ein Pflichtspiel in der Southern Amateur League gegen ein weiteres britisches Urgestein, den Polytechnic F.C., im Garten des Buckingham Palace austragen. Vorgeschlagen hatte dieses Groundhopping-Ereignis der Extraklasse übrigens Prinz William. Doch zurück von Prinz William zu Kronprinz Wilhelm: Der schaute sich 108 Jahre zuvor das Spiel des BFC Germania gegen Civil Service in einem von den restlichen Zuschauern abgetrennten Bereich an. Anders als auf den Stehplatzrängen gab es Tische und Stühle; auf einem Foto des Besuchs ist sogar eine Vase mit Schnittblumen zu sehen. Wenn man so will, hat der BFC Germania an diesem Tag die VIP-Loge erfunden. Kronprinz Wilhelm sollte sich als Glücksbringer erweisen. Germania schlug die favorisierten Engländer mit 3:2, und „auch der Kronprinz, der dem Spiel mit größtem Interesse folgte und verschiedene photographische Aufnahmen machte, applaudierte lebhaft", hielt das Berliner Tageblatt fest.

Dort, wo sich einst der Germania-Platz befand, steht heute die Zentrale der Berliner Stadtreinigung. Dass es sich um einen Ort mit fußballhistorischer Bedeutung handelt, erkennt man nur beim sehr aufmerksamen Spazierengehen in der Gegend: Eine recht über-

Wolfgang „Wolle" Krüger

sichtlich gestaltete Gedenktafel der Initiative „Fußballroute Berlin" erzählt die Visite des Kronprinzen kurz und bündig nach. Dass der Besuch eine gewisse Fußballbegeisterung bei den Hohenzollern weckte, ist auch an einem Telegramm zu erkennen, dass ebenfalls auf der Gedenktafel in der Ringbahnstraße abgebildet ist: Das Schreiben wurde am 20. April 1908 an Kaiser Wilhelm II. auf seine Residenz auf der griechischen Mittelmeerinsel Korfu geschickt und informierte über das Ergebnis des Länderspiels Deutschland gegen England, das an jenem Tag auf dem Berliner Viktoria-Platz ausgetragen wurde – das erste Heimspiel der deutschen Nationalmannschaft. Nur 15 Tage zuvor hatte in Basel das erste Länderspiel mit deutscher Beteiligung überhaupt stattgefunden, eine Auswärtspartie gegen die Schweizer Auswahl. Bei der Premiere war auch ein Spieler des BFC beteiligt: Fritz Baumgarten, ein damals 21-jähriger Torwart, der zwei Jahre zuvor von Tennis Borussia Berlin zu Germania gewechselt war, stand beim allerersten Aufgalopp der deutschen Mannschaft im Kasten und kassierte dabei fünf Gegentore. Für seinen Einsatz erhielt Baumgarten 20 Mark Spesen, womit er für drei Tage in der Schweiz über die Runden kommen musste. Außerdem wurde ihm freundlicherweise das Bahnticket gestellt. Die meisten Nationalspieler sahen sich am Spieltag zum ersten Mal in ihrem Leben. Zum Kennenlernen unternahmen sie eine Stadtrundfahrt und spazierten durch den Zoo und tranken kurz vor Spielbeginn noch gemeinsam ein Bier. Ob die Getränke durch die Spesenabrechnung gedeckt waren, ist nicht überliefert. Festgehalten ist jedoch die Anekdote, dass der Abiturient Baumgarten den Unterricht schwänzen musste, um am Spiel teilnehmen zu können. Seinen schulischen Leistungen scheint die unerlaubte Länderspielreise nicht geschadet zu haben: Baumgarten ging später an die Universität Königsberg und studierte dort Medizin. Beim BFC Germania blieb Fritz Baumgarten, der seiner Länderspielkarriere keine weiteren Partien hinzufügen konnte, bis zum Jahr 1914. Ein Jahr später musste der Verein seine Heimstätte, den Germania-Sportplatz in der Ringbahnstraße, auf Befehl der Militärverwaltung räumen. Für den Verein folgten Jahrzehnte der Heimatlosigkeit. Mal spielte man auf dem Sportplatz Halker Zeile in Lichtenrade, mal im Friedrich-Ebert-Stadion in Tempelhof. Zum 100-jährigen Jubiläum bekam der BFC endlich wieder ein eigenes Zuhause. An der Götzstraße, fußläufig vom Tempelhofer Feld und von der Ringbahnstraße erreichbar, hat der Verein heute einen Kunstrasenplatz zur Verfügung. Seit drei Jahren trägt der Platz den Namen des Vereinsgründers Paul Jestram. Bei Heimspielen weht am Spielfeldrand eine weiße Fahne mit rotem Kreuz, wie sie auch im Vereinswappen zu sehen ist. Im Funktionsgebäude am Sportplatz gibt es einen Raum, den man sich mit einem Schachverein teilt. Neben Postern, auf denen verschiedene Schachstellungen erläutert werden, hängen dort alte Wimpel und gerahmte Fotos. Eine Aufnahme erinnert an die Spieler, die 1905 den Kronprinzenpokal gewannen. Die Trophäe selbst ist nicht mehr auffindbar – Wolfgang Krüger vermutet, dass sie in den Wirrungen des Zweiten Weltkrieges verloren ging. Doch selbst, wenn der Pokal noch da wäre: Bei der Nachwuchsgewinnung helfen Glanz und Gloria von einst wenig. „Junge Leute lassen sich von so etwas nicht beeindrucken", sagt Krüger. In den vier Jugendteams des BFC spielen Kinder aus dem Kiez, für die Germania dann doch nur ein ganz normaler Fußballverein ist. Welche Rolle kann, welche Rolle soll ein Klub wie der BFC Germania also in der modernen Fußballwelt spielen? „Wir sind im Breitensport zuhause", sagt Krüger, „für mich ist der genauso wichtig wie der höherklassige Fußball." In den frühen Nullerjahren konnte sich der BFC dank eines Sponsors für einige Jahre in der Verbandsliga halten. Irgendwann gingen dem Geldgeber jedoch die Lust oder die Mittel aus; sie reden bei Germania heute eher ungern über diese Zeit. Es folgten etliche Abstiege in Serie, eine Dekade im tabellarischen Niemandsland der Kreisliga B ist der Stand der Dinge. Letztmals erstklassig, das sei zumindest fürs Protokoll erwähnt, spielte der Verein übrigens im Jahr 1918. Über 100 Jahre ist das inzwischen her.

Nach 118 Jahren im April 2023 wieder zu Gast in Tempelhof: Civil Service FC

Der letzte Aufstieg liegt mittlerweile aber auch schon über zehn Jahre zurück. Klar würde es dem Klub inzwischen gut zu Gesicht stehen, wenn es endlich mal wieder eine Klasse höher gehen würde. Zumindest Kreisliga A statt B, man ist mit den Jahren schließlich genügsam geworden. Diese Saison, davon ist Krüger felsenfest überzeugt, habe man eine gute Truppe beisammen. Ein Platz unter den Top Fünf ist das erklärte Ziel. Aber mal wieder den Fahrstuhl um mehrere Etagen nach oben nehmen, zumindest bis zur Landesliga, wo man zuletzt 2007 spielte? „Das kostet Geld. Und man gibt sich in die Hände der Geldgeber. Dann stellt sich die Frage: Wollen wir das?" Das, was sie gegenwärtig bei ihrem Verein haben, ist vielleicht nicht so eindrucksvoll, wie es das Prädikat des ältesten Fußballklubs Deutschlands verspricht. Aber der Status Quo ist immerhin ehrlich erarbeitet. Und das nicht allzu üppige Geld, das sie Jahr für Jahr zusammengekratzt bekommen, stecken sie weiterhin in die Ausstattung der Teams – und in ein jährliches Vereinsfest. Richtig viel Geld in die Hand nehmen wollten sie zuletzt zu ihrem 125. Geburtstag: Ein Spiel gegen Sheffield FC war geplant, den ältesten Fußballverein der Welt, der Germania in den „Club of Pioneers" der am längsten bestehenden Klubs verschiedener Länder aufgenommen hatte. Geplanter Spielort: das Tempelhofer Feld, die Geburtsstätte des Berliner Fußballs. Eine Genehmigung der Stadtverwaltung war schon erteilt, aber diverse Unwägbarkeiten blieben. Das Spiel wurde zunächst verschoben und schließlich komplett abgesagt. Der Kontakt nach Sheffield sei in den folgenden Jahren immer weiter eingeschlafen und in der Corona-Zeit schließlich komplett zum Erliegen gekommen, erzählt Wolfgang Krüger. Im Trophäenraum ist zumindest noch die Urkunde zu sehen, die Sheffield den Germanen ihre Mitgliedschaft im „Club of Pioneers" bescheinigt. Ob man das Spiel irgendwann doch noch nachholen kann, vielleicht zum 150. Geburtstag? „Mal schauen, ob es uns dann noch gibt", sagt Krüger. Dabei denkt er eigentlich nicht fatalistisch über seinen Verein. Man pfeife keinesfalls aus dem letzten Loch. Dennoch beobachte er mit zunehmender Sorge, wie in den vergangenen Jahren viele traditionsreiche Berliner Vereinsnamen verschwanden: Hellas-Nordwest, Wacker 04, der 1. FC Neukölln oder zuletzt der NSC Marathon. „Früher haben wir Jahr für Jahr gegen Marathon gespielt, und plötzlich sind die weg vom Fenster." Aus finanzieller Sicht, sagt Krüger, würde es wahrscheinlich Sinn ergeben, sich mit einem finanzkräftigeren Verein zusammenzuschließen und dafür das eigene Erbe aufzugeben. Aber im Fußball kann es nicht nur um kalte Zahlen gehen. Nein, der BFC Germania 1888 soll unter genau diesem Namen erhalten bleiben. Ihren Titel als ältesten Verein Deutschlands geben sie nicht mehr her. Selbst, wenn sie ein weiteres Jahrzehnt nur zehntklassig bleiben. So schlimm wie man denkt, sagt Wolfang Krüger, sei die Kreisliga B auch gar nicht.

Tennis Borussia Berlin

von Daniel Stolzenbach und Mika Reckord

TeBe und seine Geldgeber – ein Leben zwischen Überholspur und Standstreifen

Tennis Borussia Berlin wurde Anfang des Zwanzigsten Jahrhunderts in Berlin-Mitte von angehenden Kaufleuten gegründet. Schon früh leistete man sich im schicken Berliner Norden ein eigenes Vereinsgelände inklusive der Tennis Borussia Sportplatz GmbH. In der Chronik zum 25-jährigen Vereinsjubiläum wurde schon von einem richtigen Stadion mit VIP-Logen und einem eigenen S-Bahn-Anschluss geträumt. Verwirklicht wurde davon leider nichts. TeBe mietete sich dafür in alle möglichen Berliner Stadien ein und dürfte bis heute der Berliner Fußballverein mit den meisten Spielstätten in seiner Geschichte sein. Und während bei anderen Berliner Vereinen der Amateurstatus hochgehalten wurde, zahlte man den Spielern bei Tennis Borussia schon ein hartgekochtes Ei und eine Bockwurst, und dass nach jedem Spiel. Was für ein Wahnsinn. Und so kamen sie alle: Nerz, Lux, Herberger. Doch es gab auch Sportliches zu berichten. 1931 konnte zum ersten Mal der Berliner Pokal geholt werden. Ein Jahr später folgte die erste Berliner Meisterschaft.

Nach dem Zweiten Weltkrieg setzte sich TeBe in das gemachte Nest des SC Charlottenburg und wurde im Berliner Mommsenstadion heimisch. Für die Teilnahme an der ersten Bundesliga-Saison 1963 reichte es nicht. TeBe hatte sportlich wie auch finanziell längst den Anschluss verloren. Stattdessen durfte Hertha BSC die Liga rocken. Doch TeBe schaffte es dann doch irgendwann in die Bundesliga (1974/75 und 1976/77) und leistete sich sogar Spieler wie Karl-Heinz Schnellinger, der wahrscheinlich bis heute nicht weiß, wie er bei TeBe gelandet ist. In dieser Zeit trat bei TeBe ein Mann in den Vordergrund, der in den kommenden zwanzig Jahren immer wieder für Schlagzeilen sorgen sollte: Jack White. Horst Nußbaum, so sein bürgerlicher Name, hatte selbst für die Zweite von TeBe die Töppen geschnürt und sich in den letzten Jahren sehr um die Frauenmannschaft von TeBe verdient gemacht. Für das Pokalspiel 1976/77 gegen den 1. FC Köln erkaufte sich Nußbaum sogar 70 Minuten Einsatzzeit bei den Profis von TeBe, konnte aber an der 5:1-Niederlage auch nichts ändern.

Doch das ganz große Geld war trotzdem nicht da. Während Rudi Gutendorf 1976 seinen Trainervertrag bei TeBe unterschrieb, musste der Verein sein Tafelsilber Stolzenburg (nach Braunschweig) und Siegmann (nach Bremen) verkaufen. Darauf erst mal ein Underberg, dachte sich „Riegel" Rudi und bettelte später die eigenen Mitglieder um Geld an. Immerhin konnten Spieler wie Benny Wendt verpflichtet und Bayern und Hertha geschlagen werden. Danach ging es für TeBe wieder runter in die Zweite Bundesliga, und mit Einführung der eingleisigen Zweiten Liga war TeBe drittklassig. Mit der Wiedervereinigung und der damit verbundenen Zusammenlegung der beiden deutschen Fußballverbände fand sich TeBe in der Oberliga Nordost wieder. Für die TeBe-Fans wurde aus West-Berlin der Westpol, denn egal in welche Richtung man sich bewegte, es ging immer nach Osten. Nußbaum hatte mittlerweile sein kalifornisches Exil wieder Richtung Berlin verlassen und engagierte sich, diesmal als Vorsitzender, erneut bei TeBe. Auf der Suche nach neuen Geldgebern übernahm er zuerst Spieler, Funktionäre, Trainer, Sponsoren und sogar ein paar Fans aus der Insolvenzmasse von Blau-Weiß 90 Berlin. Kurz danach verpetzte er den späteren Kultklub Union Berlin, den er beim Fälschen einer Bankbürgschaft erwischt hatte und gab somit

Auswärts an der Lohmühle beim VfB Lübeck im August 2000

den Union-Fans einen offiziellen Grund TeBe zu hassen – als ob der jemals notwendig gewesen wäre. 1997 zog sich Jack White ins Tonstudio zurück und am Eichkamp übernahm die Göttinger Gruppe. Ihr Plan: die Champions League. Für die TeBe-Fans, die dem ganzen Treiben von Anfang an sehr kritisch gegenübergestanden haben, wurde das Spießrutenlaufen in der Regionalliga Nordost noch schlimmer. TeBe war das ideale Feindbild im Fußballosten. Hier die ostdeutschen Traditionsvereine, die mit der Wiedervereinigung hart um ihre Stellung im gesamtdeutschen Fußball kämpfen mussten und sich so einige blutige Nasen abgeholt hatten. Dort der reiche West-Verein, deren seelenloser Profikader durch die Regionalliga bretterte. Am Ende waren wohl alle Beteiligten froh, dass TeBe in die Zweite Bundesliga aufstieg. Dieser Größenwahn des Vereins, dieses über seine Verhältnisse leben, wirkt in der Fanszene und im Verein bis heute nach. Es folgte eine Insolvenz, Abstiege, die Treasure AG, wieder Insolvenz, wieder Abstiege und zu guter Letzt Jens Redlich, der dem Ganzen noch einmal die Krone aufgesetzt hat. Was danach blieb ist ein Verein, der wieder von seinen Mitgliedern getragen wird. Den großen Geldgeber gibt es nicht, einen Trikotsponsor auch nicht. Ob man aus seiner Geschichte gelernt hat, wird die Zukunft zeigen. Es gilt wachsam zu sein und nicht jedem reichem Onkel mit dem Geldkoffer hinterherzurennen.

Chemnitz im August 2021. Es ist der erste Spieltag in der Regionalliga Nordost, der Gast: Tennis Borussia Berlin. Als die Mannschaften den Rasen betreten, macht sich Unruhe breit. Man hört Schreie, also jetzt nicht so Angstschreie, sondern richtige Schreie vor Wut. Der gelernte Gerüstbauer Ronny R. (Name von der Redaktion geändert) muss von seiner Freundin beruhigt werden. Mantramäßig redet sie immer wieder mit den gleichen Worten auf ihn ein. „Lass dich nicht provozieren. Beruhige dich. Genau das wollen sie doch erreichen." Auch Ostfernsehn.tv, ein neuer privater Fernsehsender, der seit dieser Saison einige Spiel der Regionalliga live überträgt, wird nervös. Eigentlich sollte es ein Fußballfest werden, doch jetzt das. „Dürfen die das?", fragt die verunsicherte Regieassistentin ihren Chef. „So etwas hat doch im Fußball nichts zu suchen. Die wollen doch nur politisieren.", meldet sich der Toningenieur aus dem Hintergrund.

Flagge zeigen im tiefen Osten der Neunzigerjahre

Was die Massen an diesem Tag so aufwühlt, ist der neue Brustsponsor der lila-weißen West-Berliner.

So oder so ähnlich, muss sich das der NOFV vorgestellt haben, als er zum Saisonbeginn 2021/22 Tennis Borussia Berlin die Genehmigung verweigerte für den Opferfond „Cura" der Amadeu Antonio Stiftung Werbung zu machen. Die Begründung war ein Verweis auf § 25, Abs. 8 der Spielordnung des NOFV, der politische Botschaften verbietet: „Werbung für politische Gruppierungen und mit politischen Aussagen wird nicht genehmigt." Dabei sei wohl entscheidend gewesen, dass sich der Opferfond nur für die Opfer rechter Gewalt einsetzt. Was darauf folgte war ein langer Prozess des Umdenkens innerhalb des NOFV, an deren Ende die Änderung der Spielordnung stand. Zukünftig ist Werbung für politische Organisationen weiterhin verboten – es sei denn, die Werbung dient oder ist dazu geeignet, rassistischen, verfassungs- und fremdenfeindlichen Bestrebungen sowie anderen homophoben, diskriminierenden oder menschenverachtenden Verhaltensweisen entgegenzuwirken. Ein Erfolg auf ganzer Linie, nicht nur für Tennis Borussia, der 2022 mit dem Paul-Spiegel-Preis des Zentralrats der Juden in Deutschland gewürdigt wurde.

Freitag, ich bin verliebt!

Freitagabend: Müder Blick ins Grau-in-Grau aus dem Fenster. Der Wetterbericht hatte doch Regen angekündigt?! Leise klopfen die ersten Regentropfen ans Fenster. Ich grinse schelmisch, reibe mir die Hände und freue mich. Das heißt, heute Abend geht es unter das Dach! Wie viele Menschen kommen werden, egal. Bei kaltem Wind, einsetzendem Regen, Schnee oder Eis kann das Mommsenstadion manchmal ein sehr verlassener Ort sein. Wenn sich nur 300 bis 500 Menschen in den E-Block, also auf die Gegengerade, verirren, mangelt es manchmal an Stimmen für Stimmung. Heute ist das anders, denn wir werden auf der Tribüne stehen, dicht gedrängt. Warum? Siehe Wetterbericht!

Nach Verlassen des S-Bahnhofs Eichkamp / Messe Süd werden die vier Flutlichtmasten zum Magneten. Magisch steuern sie mich durch das kleine Waldstück zwischen Haltestelle und Stadion. Wobei trotz erkennbarem Flutlicht das Waldstückchen noch ausreichend dunkel ist, dass ich schon mal nüchtern gegen den einen Baum gelaufen bin, der viel zu weit im Weg steht. Er muss gewiss einen Ausfallschritt auf mich zu gemacht haben, anders ist das nicht zu erklären. Umso näher man dem Mommsenstadion kommt, desto deutlicher ist die Musik vernehmbar. „I don't care if Monday's blue, Tuesday's grey and Wednesday, too. Thursday, I don't care about you! It's Friday, I'm in love", verkünden The Cure und augenblicklich verliebt man sich wieder in Mr. Bungle, den Stadionsprecher, der wie zu jedem Heimspiel eine exquisite Mischung aus tollen Pop-, Punk- oder Rocksongs aufbietet, die immer wieder durchbrochen werden von skurrilen Sounds oder Hip-Hop. Leider entsprechen nur die Boxen im Mommsenstadion nicht dem hohen Niveau der Unterhaltungsdarbietung.

Vom Waldstück am Gästeblock vorbei, muss man einmal außen die gesamte Tribüne umkurven. In der Geschäftsstelle brennt noch Licht, die Mannschaften sind auch schon in den Katakomben. Leicht nassgeregnet kann ich am Eingang direkt durch, weil: Dauerkarte. Einer von ca. 100 bis 200, je nachdem, wie die Vorsaison lief und die Erwartungshaltung sich entwickelt. Manchmal habe ich Freund*innen im Schlepptau, dann wird die Karte halt zweimal abgeknipst. Während ich die Stufen erklimme, habe ich in der Regel die Verkäufer*innen des Stadionprogramms fest im Auge. Ein Euro für tolle Fotos, sympathische Gegnervorstellungen, ein paar Statistiken und die Mannschaftsaufstellung. Erst nach dem Kauf wird der Blick frei für die Sportanlage, auf dessen Rasen sich gerade die Spieler warm machen. Manchmal steht neben den Programmverkäufer*innen auch ein Stand der Fanszene und man kann sich direkt für die nächste Auswärtsfahrt anmelden. Heute steht dort allerdings niemand von TBAF. TBAF ist das Kürzel für „Tennis Borussia Aktive Fans", eine feste Abteilung des Vereins, die die Faninteressen vertritt. TBAF hat schon mehrfach den Verein gerettet, sei es durch Kampagnen wie „We save TeBe", bei der während dem zweiten Insolvenzverfahren Geld für den Verein gesammelt wurde, oder sei es als Ort des Austausches gegen den zwischenzeitlichen Vereinstyrannen Jens Redlich.

Blick vom E-Block im heimischen Mommsenstadion mit
zeitgenössischer Bandenwerbung

Seien wir ehrlich, ohne die aktiven Fans würde heute mit Ausnahme von ein paar Rentner*innen kaum noch jemand zu TeBe gehen. 2019 war es zum endgültigen Bruch zwischen „Euer Jems", wie er mal selbst ins Fanforum schrieb, und nahezu allen, die den Verein mögen, gekommen. Während ich das Programmheft einstecke und links an der Bierbude vorbei in Richtung E-Block gehe, nehme ich Euch mit auf eine kleine Zeitreise. Es war die Saison 2014/15 als Tennis Borussia nach vier langen Jahren endlich die Berlin-Liga (6. Liga) verließ und in die NOFV-Oberliga Nordost aufstieg. Legendär sicherlich das Aufstiegsspiel bei Internationale Berlin, wo sich Stürmerlegende Micha Fuß von einem Fan ein Bier zuwerfen ließ, es mit einem Schluck austrank und danach in Richtung Strafraum lief und zum 3:0 Endstand netzte! Auch die Auswärtsfahrt mit dem Boot über die Spree, Havel und Wannsee nach Gatow, die Busfahrt zu Stern 1900 mit dem Umweg Wittenberg, um einen Fan einzusammeln, oder das Einstellen des Zuschauer*innen-Rekords gegen Tasmania Berlin mit 1.910 Zahlenden waren sicherlich Highlights. Doch diese dürfen nicht darüber hinwegtäuschen, dass es bei vielen Spielen sportlich häufig trist war. Doch die lang ersehnte Oberliga-Zeit wurde schnell von finanziellen Problemen überschattet. So waren viele erst mal dankbar, als im April 2016 die Fitnesskette Crunch Fit um Geschäftsführer Jens Redlich bei Tennis Borussia einstieg. Kein ominöses Finanzprodukt, wie bei der Göttinger Gruppe, keine Treasure AG, kein Typ, der vorher schon bei anderen Vereinen abgewiesen worden ist. Doch die finanziellen Lücken wurden immer größer, und im März 2017 wird aus dem Sponsor Redlich der neue Vorstandvorsitzende. Ab jetzt beginnen zweieinviertel Jahre mit permanenten Konflikten. Der vorher als friedlich, nahbar und sympathisch erscheinende Verein, wird nun in Form von „Teile und Herrsche" durch Redlich und seine Getreuen permanent gereizt. Personen werden aus dem Verein – u. a. aus Kontrollgremien – gedrängt, Regenbogenfahnen werden trotz anderslautender Mitgliederbeschlüsse nicht aufgehangen, und die sehr mühsam wieder aufgebaute TeBe-Mädchenabteilung wird geschlossen. Der lebendige, witzige, positive Verein, den ich in der Berlin-Liga kennen und lieben gelernt habe, machte nun auf sich aufmerksam durch sexistische Weihnachtsbildchen bei Facebook und einen Vorsitzenden, der im Fanforum mit Sätzen wie „Der Verein braucht Euch nicht" gegen die aktiven Fans polemisiert. Zum Jahreswechsel 2018/19 ist die Stimmung im Verein am Nullpunkt, die Strukturen weitestgehend zerschlagen und der Aufsichtsrat nicht mehr handlungsfähig. Dennoch sieht der Vorstand keine Veranlassung zur Einberufung der laut Satzung jährlich stattfindenden Mitgliederversammlung. Diese MV wird dann von aktiven Fans mit den

Unterschriften eines Zehntels der TeBe-Mitglieder erzwungen. Am 30. Januar 2019 versammeln sich 570 Stimmberechtigte. Im Vergleich zu vorausgegangenen Mitgliederversammlungen entspricht dies dem fünf- bis zehnfachen, knapp die Hälfte davon aber nicht in Persona, da jedes Mitglied bis zu drei weitere vertreten darf. Für viele Anwesende wiederum dürfte es die erste TeBe-MV sein. Offenherzige Aussagen, auf Anweisung des Arbeitgebers hier zu sein oder die Anreise im Charter-Bus, deuten zumindest darauf hin. Die Abteilung TBAF kann schließlich bei den Wahlen zum Aufsichtsrat hinter „ihren" Kandidat*innen – alles langjährige Aktive des Vereins – ca. 180 Stimmen versammeln, der Vorstand mehr als doppelt so viele hinter seinen Kandidaten (kein Sternchen, kein *innen). Diese sind weitestgehend unbekannt, stehen praktischerweise aber ganz oben auf den Stimmzetteln. Die Rechnung geht auf. Die Erstwählerschaft weiß, was zu tun ist. Wenn der Vorstand die Hände hoch hebt, tut sie es ihm gleich. So auch die beiden Herren-Mannschaften, Eltern der Jugendspieler, Crunch Fit-Angestellte und diverse andere Betriebsausflügler – allesamt natürlich ausgestattet mit je drei Stimmrechtsübertragungen. Die Satzung wird gebogen und gebrochen, es kommt zu Beleidigungen und Tumulten. Nur die offensichtlichsten Satzungs- und Rechtsbrüche können unter Klagedrohung anwesender Juristen abgewendet werden. Ein Trauerspiel. Immerhin, durch die Liveberichterstattung bei Twitter unter #TeBeMV trendet dieser Hashtag und viele fußballinteressierte Twitter-User*innen bekommen einen tiefen Einblick in den Verein. Der Berliner Tagesspiegel titelt zwei Tage nach der MV auf Seite 1: „Die Demokratie wird zermalmt" und berichtet ausführlich über die Veranstaltung.

Was folgt ist Frust, aber auch Trotz. Geschlossen entscheiden sich die aktiven Fans, zum einen dem Verein vorläufig den Rücken zu zukehren, zum anderen aber den Verein nicht aufzugeben. Die Kampagne „We save TeBe" wird wiederbelebt und die „Caravan of Love" ins Leben gerufen. Schon während der MV erreicht uns eine unglaubliche Welle der Solidarität von Fan-Gruppierungen aus der Kreisliga bis zur Bundesliga, Medien und Freund*innen aus Nah und Fern. Das wird genutzt und in der Berliner Fußball-Woche eine Anzeige geschaltet: „Kleine engagierte Fanszene mit dreistelligem Mobilisierungspotenzial sucht vorübergehend Verein, der für eine demokratische Kultur und gegen Rassismus, Sexismus und Homophobie einsteht. Erfahrung in Merchandising, experimentellem Gesang und der Organisationen von Busreisen werden mitgebracht. Kein Getrommel!". Die Presse findet die Anzeige witzig. Jens Redlich betitelt uns öffentlich als „Leih-Anhänger" und „Söldner" (wenn auch ohne Sold). In den ersten Tagen folgen knapp zwanzig Anfragen aus dem ganzen Bundesgebiet, bis Ende des Jahres werden es viele weitere, sogar aus Großbritannien.

Unterwegs mit der Karawane der Liebe 2019

In der ersten Hälfte des Jahres 2019 besuchten wir befreundete Fanszenen in Berlin, Leipzig und Hannover, wir schauten Champions League (mit den Wasserfreunden Spandau), Bezirksliga der Frauen (mit dem DFC Kreuzberg) oder Kreisliga der Herren (Blau-Weiß Friedrichshain). Zudem werden neue Freunde bei Tennis Borussia Rambach (bei Wiesbaden) gemacht. Sogar ein „Final of Love" wird im Rahmen der Caravan of Love am 25. Mai 2019 in der Werner-Seelenbinder-Kampfbahn in Neukölln organisiert. Dort spielt eine All-Star-Mannschaft mit vielen ehemaligen Tennis-Borussia-Spielern um TeBe-Legende Benny Wendt – der für TeBe in der 1. Bundesliga u. a. gegen Bayern München traf – gegen eine Auswahl der besuchten Teams.

Erst wenige Tage vor Saisonbeginn 2019/20 geschieht dann der für viele überraschende Rückgewinn des Vereins. Nach langen anwaltlichen Beratungen und auf den Tag genau sechs Monate nach der TeBe-MV gelingt es, das Vereinsregister von der Unwirksamkeit besagter MV zu überzeugen. Grund dafür ist, dass der impulsive Redlich, den die Journalistin Alina Schwermer in der Taz mit einer Comicfigur eines sich selbst überschätzenden Millionärs vergleicht, einem „Charakter wie aus Bibi und Tina", in der Zwischenzeit einen seiner zahlreichen Rücktritte auch schriftlich dokumentiert hat. Im Vereinsrecht gibt es aber keinen Rücktritt vom Rücktritt, wie die Richterin dem vor Gericht stilecht in Jogginghose tobenden Redlich erklärt. Zum Saisonauftakt bei unseren Freund*innen von Tasmania Berlin kommen gleich über 1.300 Zuschauer*innen, ein fettes Banner verspricht: „Back for Good".

Gut, dass diese dunklen Zeiten vorbei sind. Dass einzig Dunkle heute ist der Himmel, aus dem es weiterhin unablässig tropft. Der E-Block ist heute zwar weitestgehend leer, dennoch hat der Biber seinen Stand aufgemacht. „Der Biber" ist der Zapfer in einer kleinen Holzhütte, die sich zu Beginn des E-Blocks befindet. Er ist eigentlich immer da und das seit dem Ende der Göttinger Gruppe. Über seine Beziehung zum Verein schwärmt er in der absolut empfehlenswerten Doku „God save TeBe". Die TeBe-Fans nennt er „meine Buben" und auch wenn er dabei die Mädchen bzw. Frauen vergisst, kann zumindest ich ihm das nicht verübeln. Und das „nicht, weil sie kleine Jungs sind, sondern weil man sie so mag", sagt er in der Doku. Eine absolute Liebeserklärung, die auf Gegenseitigkeit basiert. Ich grüße ihn kurz, hole mir ein Bier dort und gehe zurück zum Eingangsbereich. Denn, Regen = Tribüne! Über die Wendeltreppe begebe ich mich hoch. Weil tatsächlich schon so früh jemand sein halbes Bier über den Becherrand hat schwappen lassen, ist es schon jetzt unangenehm nass und rutschig. Dennoch ist die Treppe eines der architektonischen Highlights des Stadions und der denkmalgeschützten Tribüne. Das andere Highlight sind für mich die durchgezogenen Holzbänke. Da sie bei einem Aufstieg in Liga 3 weichen müssten, bleibt uns – zumindest aus architektonischen Gesichtspunkten – hoffentlich selbiger erspart. Einen Umzug in ein anderes Stadion möchte ich mir erst gar nicht vorstellen.

Auf der Tribüne ist heute auch der TBAF-Stand und ich halte Ausschau nach Aufklebern für die Kinder, den „Blockzettel" – das Fanzine aus der Fanszene – oder nach einem netten Gespräch. Naja, meistens ist es alles drei und einige Münzen wandern in den Spendentopf. Es dauert nicht lange, und ich begebe mich weiter in den Block. Noch klaffen ein paar Lücken, aber bei Tennis Borussia kann man eigentlich erst ab Spielminute 15 abschätzen, wie viele heute da sind, denn erst dann sind die Schlangen am Eingang und am Bierstand abgearbeitet. Unter „Lila Weiße"-Gesänge aus dem Block und aus den Boxen (vom Schweizer Dark-Schlager-Held und TeBe-Fan Dagobert) läuft die Mannschaft auf. In weißen Trikots, da der namhafte Ausstatter wie jede Saison die lila Leibchen erst irgendwann zur Rückrunde liefern kann. Dieses Wissen hält aber einige Internet-User nicht davon ab, nach jedem Heimspiel in jeder Hinrunde im Fanforum zu fragen, wann denn „endlich wieder in Lila" gespielt werden würde. Wenn es nur ein Running Gag wäre, es wäre zu ertragen.

Freitagabends, Bier (zumindest das, was nicht auf der Treppe verteilt worden ist), Tribüne und Flutlicht, besser wird es nicht mehr. Den Stimmungsblock bilden circa 40 bis 50 Personen, manchmal reißen sie noch mal die gleiche Anzahl an Menschen mit. Ganz manchmal das gesamte Stadion. Nicht selten sind Gäste und Freund*innen von anderen Vereinen da. Ebenfalls nicht selten Gruppen junger Männer, die deutlich von außerhalb der EU kommen: also Großbritannien! Manchmal lässt ein Blick in eine Fußball-App die Vermutung zu, dass sie nicht mehr an Karten für Union gekommen sind. Nach dem Spiel sieht man sie fast immer mit Schals behangen, leicht heiser artikulierend, gut angetrunken und mit Freude strahlenden Gesichtern aus dem Stadion wanken. „Who the fuck is Union" sollte dann nicht als Gewerkschaftsbashing missverstanden werden!

Am heutigen Abend fährt Mitte der ersten Halbzeit eine S-Bahn hinter dem E-Block her. Das an sich ist noch nicht besonders, denn das sollte sie im Fünf-Minuten-Takt tun. Doch diese S-Bahn hupt, auch wenn es auf der Tribüne nur leise vernehmbar ist. Der hupende

S-Bahn-Fahrer oder die hupende S-Bahn-Fahrerin ist eine Legende im Stadion. Niemand kennt die Person, aber alle wissen, dass sie hin und wieder vorbei kommt und hupt, wenn die Flutlichtmasten leuchten oder am Sonntag die TeBe-Fahnen wehen – auch die mit dem Regenbogen, die wir gegen Redlich und seinen Adjutanten Voigt durchgesetzt haben – denn die Person ist TeBe-Fan.

Das Spiel selbst ist an dieser Stelle egal. Nur wenn ein Tor fällt und die Witterung es zulässt, springt Hans Rosenthal auf der Anzeigetafel. Es handelt sich um ein kurzes GIF, das den Moderator der Spielshow „Dalli Dalli" vor Freude hüpfend zeigt. Mr. Bungle gibt den Torschützen und den neuen Spielstand durch und beendet seine Information mit den Worten des ehemaligen Vereinspräsidenten Rosenthal: „Sie sind der Meinung, das war…?" – und ein lautes „Spitze!" schallt ihm aus dem Fanblock entgegen. Nun gut, diese Ansage erfolgt auch, wenn wie so häufig die Anzeigetafel mal nicht funktioniert. Denn die im Jahr 2000 angeschaffte Anzeigetafel ist eine sehr launige Diva, die gefühlt nur bei Temperaturen zwischen 19,02 °C und 20 °C funktioniert.

Irgendwann erfolgt dann der Abpfiff. Auch darüber hinaus wird weiter angefeuert, die Mannschaft gefordert und bei Siegen auch entsprechend gefeiert. Danach geht es meistens ins Casino, wo noch bis in die Nacht gefeiert wird. Wäre es jetzt ein Text aus der entfernten Vergangenheit, würde ich schreiben, dass es nach dem Spiel direkt „Zum Goldenen Lachshirsch" geht. Vom 5. Dezember 2014 bis zum 11. Dezember 2018 war das der Ort der Fankultur von Tennis Borussia. Direkt an der S-Bahn gelegen, fungierten zwei alte Container als Treffpunkt, Museum, Tanzbar, Kickerraum und In-Erinnerung-Schwelgen-Und-Von-Großen-Zeiten-Träumen-Ort. Die beiden Schätzchen, die ihn betrieben, haben Liebe, Herzblut, Schweiß und Charme in jede Ecke des Etablissements gesteckt, so dass alle, die ihn gesehen haben, den meistens nur kurz Lachshirsch genannten Ort für immer in einer Ecke ihres Herzens geparkt haben. So manche Party uferte hier endlos aus, Erinnerungen an Polizeieinsätze, die die geladenen Babelsberger Gäste nicht zu uns lassen wollten und erst nach unermüdlichen Einreden, dass dies kein Ackermatch, sondern eine gemeinsame Feierei sei, zu den TeBe-Fans gelassen wurden.

Blick auf die Haupttribüne im Mommsenstadion

Aber auch historische Momente verbinde ich mit dem Ort, wie den angeblichen Putsch in der Türkei am 15. Juli 2016 nach einem Freundschaftsspiel gegen den 1. SC Göttingen 05. Am 11. Dezember 2018 fiel er leider einer Brandstiftung zum Opfer. Der oder die Täter wurden leider nie geschnappt. Übrig blieb ein Haufen Asche und viele verlorene Erinnerungen. Und tatsächlich, als sei es eine Ironie der Geschichte, konnte einzig und allein das Buch mit den ausstehenden Deckeln aus den Trümmern geborgen werden.

So ist es aber deutlich nach 2018 und wir stehen im Casino, diskutieren über das Spiel, sprechen mit Leuten aus anderen Ländern oder anderen Orten und freuen uns, dass es so etwas wie Tennis Borussia gibt. Irgendwann geht das Flutlicht draußen aus, die laue Frühlings-, Sommer-, Herbst- oder kalte Winternacht bricht ein und man begibt sich mit einem fetten Grinsen zur S-Bahn. Der Regen hat genau passend aufgehört, die Laune ist sonnig und selbst dieser eine Baum im Waldstück bleibt still stehen. Aber Moment, habe ich da nicht eben ein Wildschwein gehört?

BFC Dynamo

von Janusz Berthold

Meisterkiez, wat sonst!

Alles begann im wohl erfolgreichsten Jahr des DDR-Fußballs 1974. Der 1. FC Magdeburg gewann am 8. Mai den europäischen Pokalsiegerwettbewerb gegen den AC Mailand und am 22. Juni unterlag die BRD im „Kampf der Systeme" bei der WM durch das legendäre Sparwasser-Tor mit 0:1 gegen den realsozialistischen Nachbarn DDR. Terminlich eingebettet in diesen Frühsommer liegt meine Geburt. Am internationalen Kindertag erblickte ich das Licht der Welt. Meine Mama war Lehrerin mit Führungsanspruch, also Schuldirektorin. Mein Papa verdingte sich als Major beim damals bereits größten Arbeitgeber der DDR – dem Ministerium für Staatssicherheit. Und das alles in unserer Hauptstadt Berlin. Ich war also ein typisches DDR-Kind. Auch beim Fußball? Wir wohnten im Prenzlauer Berg, unweit des Friedrich-Ludwig-Jahn-Sportparks, vis-à-vis der Flutlichtmasten. Dimitroffstraße, heute Danziger, Ecke Lychener. Allerfeinste, heruntergekommene Altbausubstanz, zum Glück im Vorderhaus. Wir hatten auch ein innenliegendes Klo. Meine Uroma, irgendwas mit Hobrechtplan und Erstbezug ebenda, erwähnte ab und an den „LSD-Kiez". Das Gebiet der Mietskasernen um die Lychener-, Schliemann- und Dunckerstraße war gemeint. Der Begriff assoziierte in mir nichts und ich hinterfragte ihn erst sehr viel später, nachdem die Wirren des 1989er Herbstes über uns, meine Pubertät und mich hinweg gerast waren. Hatte also doch nichts mit den nun überall erwerbbaren und neuen halluzinogenen Produkten kapitalistischer Prägung zu tun. Kiek an, dachte ich mir. Und eben jener LSD-Kiez wurde für mich zum ersten ikonografischen Ausgangspunkt einer besonderen Fußballkarriere als Anhänger des runden Leders. Der Jahn-Sportpark gehörte schon seit Kleinauf zu meiner Biographie. Neben Spaziergängen mit der Familie verbrachte ich viel Zeit meiner Kindheit im Areal zwischen Gaudy-, Cantian- und Topsstraße. Anfang der 1980er Jahre nahm mich mein Vater dann regelmäßig Sonnabendnachmittags an die Hand und wir stiefelten gemeinsam los zum Fußball. Er unterstützte mit viel Herzblut unseren lokalen Verein und gleichzeitig den Club seines Arbeitgebers, den BFC Dynamo. Papa war förderndes Mitglied beim BFC, übrigens eine Pflichtveranstaltung für offizielle Mitarbeiter des MfS in Berlin. Die fünf Minuten Fußweg von der Dimitroff- zur Topsstraße empfand ich stets als wunderschön abenteuerlich. Faktisch vor unserer Haustür erspähten wir schon die ersten BFCer. In der noch heute existierenden Eckkneipe „Zum Schusterjungen" traf sich regelmäßig ein lautstarker, von charmantem Fußballflair umwehter Trupp junger Männer. Faninnen gab es nicht oder nur sehr vereinzelt. Die Jagd nach dem runden Leder galt auch in der DDR als eine ausschließlich patriarchalische Angelegenheit. Der inzwischen legendäre „Schusterjunge" bleibt bis in die jüngste Vergangenheit einer der beliebtesten Treffpunkte im Vorfeld von BFC-Spielen im nahen Cantianstadion. Endgültig richtig stimmungsvoll wurde es auf unserem Stadionweg nur wenige Meter weiter unterm Magistratsschirm, wie der Volksmund die Hochtrasse der U-Bahn in der Schönhauser Allee nennt.

Ikonische Wandmalerei an der Ecke Cantianstraße/Schönhauser Allee
(Gelände mittlerweile bebaut)

Ich erinnere mich an Menschenmengen, umweht von viel Gesang, bisweilen Geschrei. „He-He-He BFC!" und noch ganz andere Lieder mit viel Text. Nachhaltig eingeprägt hat sich, der noch heute überaus beliebte und dominante Anwesenheit bezeugende Schlachtruf „Hurra! Hurra! Der BFC ist da!". Ich fand das aufregend schön, fühlte mich immer pudelwohl, sehr sicher und fieberte dem kommenden Erlebnis entgegen. Wie sich ein 10-jähriger eben auf die besonderen Abenteuer des Lebens freuen kann. Zu unseren Ritualen gehörte stets der Vorbeimarsch an der „Einsamen Pappel", einem Naturdenkmal, welches noch heute in der Topsstraße gedeiht. Zudem ein historisch hochwertvoller Ort und Gedenkstätte. Im Zuge der Märzrevolution von 1848, am 26. 03., fand unter der „Einsamen Pappel" eine der ersten großen Massendemonstrationen der Berliner Proletarierinnen und Proletarier statt. Bis zu 20.000 Werktätige sollen sich hier versammelt haben. Die vorgebrachten Forderungen gegen die bedrückende Willkürherrschaft des preußischen Militarismus, für die Einführung einer allgemeinen Schulpflicht oder auch nachhaltige Lohnerhöhungen wurden an König Friedrich Wilhelm IV. weitergeleitet. Er lehnt selbstverständlich ab und was folgte, waren die allgemein bekannten blutigen Barrikadenkämpfe in Berlin. Von der Pappel nur wenige Stationen mit der Straßenbahn entfernt, nach einem kleinen Spaziergang durch den Volkspark Friedrichshain, findet sich der Friedhof der Märzgefallenen. Dieser Erinnerungsort gedenkt den im März 1848 vom preußischen Militär gemeuchelten Arbeiterinnen und Arbeitern.

Also tingelten unsere drei Generationen, oft war Opa noch dabei, auf die mit bestem Westberlin-Blick ausgestattete Tribüne des Stadions. Für eine Mark und achtzig Pfennig pro Person. Mein Kindereintrittspreis ist mir entfallen. Vermutlich war es aber wohl kostenlos. Wir machten es uns also bequem. Irgendwo weiter vorne, so besagt es die Familienlegende, soll immer „der Genosse Minister" gesessen haben. Ich interessierte mich nicht für Mielke, hatte aber dafür meine kleine BFC-Fahne. Auf sie war ich sehr stolz. Dieses formschöne Emblem meiner Lieblingsmannschaft fand ich ziemlich prima. Unten der goldene Ährenkranz, mittig das sattsam bekannte, geschwungene weiße „D" der Sportvereinigung Dynamo auf weinrotem Grund

Unser Balkonblick auf den heutigen
„Schusterjungen" mit Uroma und Mama,
September 1940

und über allem prangte in ebenfalls weinrot das edle Dreigestirn aller
möglichen Buchstabenreihenfolgen: BFC. Kein anderes Logo auf der
Welt hatte für mich so viel Verve. Wenn ich mal nicht hingebungsvoll
mein Fähnchen wedelte, ließ ich mich von den Wichtigkeiten des
Kindseins inspirieren. Schnecken, Steinchen, Stadionwurst. Für mich
gab es immer Bockwurst mit Mostrich, für eine Mark. Anfänglich
hasste ich Senf natürlich, lernte ihn mit der Zeit aber hier in eben
jenem Stadion schätzen. Ferner standen ebenfalls die sogenannten
„Elefantenpopel" auf dem Speiseplan. Hier handelte es sich um
tropfenförmige Industriebouletten. Im Grunde bestanden die Elefantenpopel aus passierten Schlachthof-Resten mit hohem Knorpel- und
Schmutzanteil. Natürlich aus dem Zentralviehhof an der Leninallee,
heute Landsberger Allee. Diese Pampe wurde in Form getropft,
fraglich angebraten (hmm...) und mehrheitlich auch von vielen Stadiongängern verzehrt. Ich probierte sie niemals, Papas selbstgemachte
Bouletten sahen einfach deutlich besser aus, zudem rochen sie sehr
gut. Für die trockene Kehle kauften wir rote, pappensüße Brause. Für

alle. Denn Alkohol gab es in der DDR-Oberliga nicht, also auch kein Bier. So konnte es los gehen. Die Mauer gegenüber, unmittelbar hinter den Rängen der Gegengerade, war mir egal.

Meine erste bewusste BFC-Erinnerung datiert vom 5. Mai 1984, einem Oberliga-Heimspiel gegen Dynamo Dresden. Ich entsinne mich einer unglaublichen Torflut. Nach einer Viertelstunde stand es bereits 3:0 und unser BFC gewann schlussendlich 4:2. Über 28.000 Menschen waren anfänglich auffällig unentschlossen, für wen sie sein sollten. Den Stasi-Club aus der Hauptstadt fanden nur wenige gut, für die Sachsen durfte selbstverständlich auch keiner sein. Der Sieger wurde dann trotzdem frenetisch gefeiert und anschließend die Nuscheldeutschen traditionsbewusst durch den Prenzlauer Berg gejagt. Aus jener Zeit bleibt mir auch nachhaltig im Kopf, dass während der Hauereien der Schlachtenbummler die offiziell sichtbaren Schutz- und Sicherheitsorgane der Republik entweder Angst hatten oder lediglich Maulaffen feilhielten. Mehrfach verbarrikadierten sich die Ängstlichen in unserem Haus. Einmal wollte meine Mama, vermutlich in einer Aufwallung staatstragender Besorgnis, Kaffee kochen und nach unten bringen. Das wurde ihr schleunigst ausgeredet. Wir wohnten in der ersten Etage und ich konnte unbemerkt zum ersten Treppenabsatz schleichen, lugte über das Geländer in den unteren Hausflur und sah Panik. Draußen hämmerten langhaarige Jungs in Parka mit zarten Oberlippenbärtchen gegen die massive Holztür und versuchten hinein zu kommen, drinnen drückten ein paar verstörte Vopos die Klinke nach oben und stemmten sich gegen die Tür um nicht raus zu müssen. Einmal war sogar ein Schaffner der naheliegenden U-Bahn dabei. Die dunkelblaue Uniform war unverkennbar. Er dachte sicher auch, lieber mit den anderen Uniformen das Weite suchen, als ortsnah geschient und/oder gesteinigt zu werden. Die rasenden Massen waren so in ihrem eigenen Bann gefangen, dass sie sich die baulichen Voraussetzungen der Altbaukieze nicht zu Nutze machten. Wären sie eine Haustür weitergegangen, hätten sie den gemeinsamen Hof geentert und der Staatsmacht flockig in den Rücken fallen können. Glück für Schaffner, Anwohner und das vor sich hinrostende Wehrmachtskrad an der alten, knorrigen Hofkastanie. Der Mob war zu dusslig und ich von allem nachhaltig angefixt, aber so richtig.

Nur gut drei Monate später sollte das Stadion im Friedrich-Ludwig-Jahn-Sportpark nachhaltig Sportgeschichte schreiben. Das weite Rund wurde ebenfalls für Leichtathletikwettkämpfe genutzt, welche sich in der DDR einer großen Beliebtheit erfreuten. Zum alljährlichen Olympischen Tag traf sich die Leichtathletik-Elite der DDR im Berliner Nordosten. Speerwerfer Uwe Hohn warf im Juli 1984 sein Sportgerät auf unmöglich erscheinende 104,80 Meter. Ich war nicht direkt dabei, es waren ja Ferien und unsere Familie im Urlaub an der Ostsee. Der kolossale Wurf des damals 23-jährigen Neuruppiners sorgte für eine grundsätzliche Regeländerung. Es wurde ein neuer Speer mit verändertem Schwerpunkt eingeführt und die maximal mögliche Flugweite damit massiv reduziert. Dieses Sportgerät wird bis heute verwendet. Eine meiner älteren Schwestern war im Rahmen der FDJ-Ordnungsgruppe (FDJ, „Freie Deutsche Jugend", Jugendorganisation der DDR) regelmäßig während solcher Sportveranstaltungen im Einsatz. Neben Leichtathletik und Fußball gehörte bis 1977 auch die Ankunft der Internationalen Friedensfahrt (bedeutendstes Radsport-Amateurrennen; „Tour de France des Ostens") zum Standardrepertoire des Stadions. Die Blauhemden der FDJ standen dann meistens nutzlos am Rand herum oder versuchten recht erfolglos durch Präsenz Besucherströme im und ums Stadion zu dirigieren. Für den reibungslosen Ablauf im Stadion ohne richtigen Namen. Denn den hatte es nie offiziell erhalten. Vermutlich liegt in der Historie des Areals auch ein Grund dafür. Im 19. Jahrhundert als Exerzierplatz fürs preußische Militär genutzt, übernahm die Stadt Berlin kurz vor dem 1. Weltkrieg das Gelände. Es entstanden Sport- und Freizeitanlagen für die Allgemeinheit im Berliner Nordosten, im Volksmund der „Exer". Nach den fürchterlichen Zerstörungen des 2. Weltkrieges musste der Trümmerschutt auch im Prenzlauer Berg weg. Der „Exer" wurde zur Halde aufgeschüttet, später mit Erde bedeckt. Darauf entstand der „Berliner Sportpark", ab 1952 Friedrich-Ludwig-Jahn-Sportpark. Die Pläne des damals entstandenen Stadions stammten von Rudolf Ortner, welcher auch Ende der 1950er Jahre für den Umbau des Stadions an der Grünwalder Straße in München verantwortlich zeichnete. So gehörte selbstverständlich zum großen, alles überstrahlenden Sportkomplex auch die obligate Fußball- und

Sportforum Hohenschönhausen

Leichtathletikarena. Das Stadion im Friedrich-Ludwig-Jahn-Sportpark. Eine explizite Namensgebung benötigte es nicht. Sie fand bis heute auch nie statt. Cantian- oder Jahnstadion sind die wohl geläufigsten Versionen geblieben.

Während der Saison 1986/87 wurde die Arena umgebaut und renoviert. In jener Spielzeit holte der BFC seinen vorletzten Meistertitel im Sportforum Hohenschönhausen. Ich verfolgte nicht ein einziges Spiel direkt vor Ort, zu sehr war ich in meinem Kiez verwachsen. Im August 1988 erlebten wir zum ersten Mal das modernisierte Stadion. Papa und ich fanden nach der Renovierung sogar unsere angestammten Plätze wieder. Auf Höhe Mittellinie, zwei bis drei Reihen vor dem oberen Handlauf. Nur über uns thronte ab sofort die neue Haupttribüne mit ihrem überdimensioniert anmutenden Dach. Der „Genosse Minister" saß nun hinter und über uns. So hatte er wohl Alle(s) im Blick. Wenn es mal regnete, wurden wir auf unseren Plätzen komplett nass, Mielke und seine Entourage nicht. Denn im Grunde ist die Überdachung der Haupttribüne im Cantianstadion eine komplette Fehlplanung. Da die Sichtachse Richtung West ausgerichtet ist, haut einem das ankommende Wetter direkt ins Antlitz. Sogenannte Wetterseite eben. Und die Mauer gegenüber war nicht mehr zu sehen, dafür aber nun ein riesiges Dach, welches die

Gästebereich mit manueller Anzeigetafel im Sportforum Hohenschönhausen

gesamte Gegengerade bis in die Kurven überspannte. Hübsche Serviceleistung für die Fans. Dachte ich damals. Inzwischen ist klar, dass diese bauliche Maßnahme eine schnöde Grenzsicherungsanlage darstellte. Bei den Regierenden ging das Misstrauen um; es wurde tatsächlich eine Massenflucht vom Jahnsportpark aus nach Wedding befürchtet. Diese paranoid anmutende Vorstellung entbehrt jedoch nicht einer gewissen Wahrscheinlichkeit. Man stelle sich vor, während eines Fußballspieles nutzen mehrere dutzend Menschen die besondere Örtlichkeit, wenden sich einfach vom Spielfeld ab und rennen los. Keine zehn Meter hätten sie bis zur ersten Grenzmauer zurücklegen müssen und die wenigen unbewaffneten Volkspolizisten einfach über den Haufen gerannt. Lediglich der Mielke-Personenschutz und die Grenzer waren bewaffnet, und ein übergeordneter Befehl besagte, dass im Stadion niemand schießen durfte. Das wäre dann ziemlich sicher im Todesstreifen passiert. Nicht auszudenken, was für ein Blutbad es hätte geben können. Aber den greisen, verängstigten DDR-Oberen waren diese Überlegungen vermutlich fern. Ihnen ging es nur darum, das Gesicht zu wahren. Eine spektakuläre Flucht vieler Menschen gemeinsam hätte dem bereits zerfallenden Selbstverständnis des Arbeiter- und Bauernparadieses den Rest gegeben. Sicher zu erwartende Opfer wären dem internationalen Renommee der DDR nachhaltig abträglich gewesen.

Im selben Jahr 1988, der BFC holte seinen 10. Meistertitel, begann für mich bereits die Zeitenwende. Ich sah noch eine deftige 0:2-Klatsche gegen Lok Leipzig am 12. März, freute mich über den knappen Titelgewinn und den darauf folgenden Triumph im Pokalfinale gegen Jena Anfang Juni. In jener Zeit bewunderte ich Rainer Ernst für seine Fähigkeiten. Schlaksig ungelenk wirkte der blonde Angreifer oft, hatte aber an allen zehn Meistertiteln des BFC einen mächtigen Anteil. Nach der Wende ging er nach Kaiserslautern und holte dort 1991 einen weiteren Meistertitel. Er wurde der erste Fußballer mit Meisterehren in der DDR und BRD. Den damaligen Star der DDR-Oberliga, Andreas Thom, fand ich selbstverständlich auch extrem prima. Vor allem, da ein jüngerer Bruder meines Vaters jahrelang als erfolgreicher Übungsleiter beim BFC fungierte. Er betreute Andi Thom, als er 1974 von der TSG Herzfelde nach Hohenschönhausen kam. Als Thom die jeweiligen höheren Altersklassen absolvierte, blieb der Kontakt zu meinem Onkel bestehen. Es entwickelte sich eine Freundschaft, die über das Mentoren-Dasein hinausführte. Allein jener Andreas Thom und Schlaks Rainer Ernst schossen gemeinsam den BFC mit 32 der 59 Saisontore zum vorerst letzten Meistertitel. Die große Feier im Cantianstadion wurde von mir geschwänzt, ich wollte lieber knutschen und musste die massiv aufwallende Pubertät aushalten. Ich war eben nie ein klassischer Schlachtenbummler, kein Fan, sondern fanatischer Anhänger mit Tribünenprivilegien. Auf der Gegengerade aber war stetig der Mob unterwegs. Ich bemerkte stets sehr viel Bewegung da drüben, es faszinierte mich mehr als so manches Spiel gegen Chemie Böhlen oder Motor Suhl. Auf mein Interesse gab es von Papa die immer gleichen Erklärmuster zu bestaunen: „Das sind alles jugendliche Rabauken. Sind auch ein paar Rowdies dabei. Is' aber nich' schlimm." Fand ich ja auch nicht, diese oberflächlichen Darstellungen ließen mich aber unbefriedigt zurück. So konnte ich es auch nicht glauben, als Ende der 80er die Kunde von Nazihools und Faschoskins beim Fußball im Allgemeinen und dem BFC im Speziellen die Runde in der Republik machten. All dies lief parallel zu den gesellschaftlichen Verwerfungen in der DDR im

Flutlichtmast im Cantianstadion mit bereits abmontierten Leuchtmitteln, 2022

Laufe der Endachtziger. Familiär wurden andere Dinge prioritär. Im gesamten Jahr 1989 war ich nur zweimal im Stadion. Dass ich damals mit der Enkelin des BFC-Präsidenten liiert war, änderte daran nichts. Eher bestärkte es meine Abstinenz nur, denn die gesellschaftspolitischen Entwicklungen zogen mich in ihren Bann. Ich politisierte nachhaltig. Im Herbst '89, der Fußball rückte immer mehr in den Hintergrund, implodierte die DDR. Ich informierte mich lediglich über Freunde und Presse über meinen Herzensverein. Sportlich ging es mit der Maueröffnung im November 1989 für den BFC zunehmend abwärts. Dies zeigten die Spielstenogramme und Tabellen in der FuWo (Fußball-Woche). Die Zuschauerzahlen gingen in den Keller, im Jahn-Sportpark bot sich eine gruselige Show. Das Image meines BFC litt nachhaltig. Die Fankurven radikalisierten sich und wurden zum offenen Eldorado für Nazis und Hools. Nun bekamen die Rowdies und Rabauken einen Namen. Niemand war mehr da, der beschwichtigend die Augen verschloss beziehungsweise repressiv eingreifen konnte oder wollte. Der Staat war tot und alle grenzenlos frei. Im Osten begann eine Zeit der Anarchie. Dies habe ich dann wortwörtlich genommen und radikalisierte mich ebenfalls. Mir hatte es der Punk angetan und Antifaschismus ist für mich eine grundsätzliche Haltungsfrage. Fußball spielte gar keine Rolle mehr in meinem Universum, und der BFC hieß inzwischen FC Berlin. Im März 1990 marodierten Faschisten durch meinen Kiez und demolierten am Alexanderplatz eine Schwulenkneipe. Es waren hauptsächlich BFCer nach einem Heimspiel. Am Abend war ich an der Säuberung des Alex durch antifaschistische

Jugendliche aktiv beteiligt. Im April dann griffen wieder BFCer ein besetztes Haus in der Schönhauser Allee an. Ich war nicht in der Stadt, hörte jedoch im Nachgang die Schilderungen der Ereignisse. Einige Freunde und linke BFC-Anhänger waren im Haus. Wie soll man mit sowas umgehen!? Ich jedenfalls schämte mich für meinen Verein, das Cantianstadion wurde zum Hort der Widerwärtigkeiten für mich. Fußball wurde für mich nun leider wieder zum Thema. Der BFC-Aufnäher auf meiner weinroten Bomberjacke wurde zu einer Bürde. Böse Blicke wurden schnell zu Unverständnis, thronte doch unterm Ährenkranz des BFC das folkloristisch-punkige „St. Pauli-Fans gegen Rechts!". Lediglich ein bekannter Kiez-BFCer motzte mich am Helmholtzplatz mal voll, ich solle sofort das BFC-Emblem abmachen. Meine Entgegnung „Bist du blöde, ick hab Haltung! Wenn überhaupt wat ab, dann Pauli" ließ ihn bedröppelt und kleinlaut weiter rumsitzen.

Aber ich wollte das Warum der Entwicklungen verstehen. Welche Voraussetzungen und Rahmenbedingungen sorgten für diese kruden Ausfälle und Interaktionen in und um die Fankurven? Wir organisierten uns also. Urplötzlich gab es für antifaschistische Fußballfans in Berlin einen Anlaufpunkt: die antifaschistische Faninitiative (AFFI). In der Brunnenstraße hatten wir unseren Fanladen. Wir waren ein bunter Haufen verschiedenster Subkulturen und Vereinsaffi-

Fanladen der AFFI in der Brunnenstraße, 1993

nitäten. Gelebte Fußballkultur in der Hauptstadt. Wir fuhren gemeinsam auswärts, begleiteten Migrantenvereine wie Türkiyemspor in den braunen Osten, organisierten Proteste und Demos gegen Gewalt und Nazis in den Stadien. Mein erstes BFC-Spiel in den 90ern sah ich anlässlich meines 18. Geburtstages 1992. Es ging in der Relegation um die Qualifikation für die 2. Bundesliga gegen Sachsenring Zwickau. Wir feierten im Meisterkiez, dem inzwischen zehnmalig weinrot erweiterten LSD-Kiez, in der Wohnung meiner Eltern und waren fröhlich angeschwipst. Die Sonne schien, es war warm und wir entschlossen uns, spontan in den Jahn-Sportpark zu gehen. Mir war sehr mulmig bis ängstlich zumute. Zwei meiner damaligen Gäste würden aber wohl einige aktuell aktive BFC-Fans kennen und dann würde das schon gut gehen. Ich war bereits betrunken genug, um mich auf das Experiment einzulassen. Im Stadion verloren sich knappe 800 Leute. Wir stellten uns etwas abseits in die Kurve, wurden beäugt. Daraus entstand eine unangenehme Fixiertheit auf uns. Ein gutes Dutzend Punks, Psychobillys und Oi!s erregten umgehend sehr viel Aufmerksamkeit. Wir verließen noch vor der Halbzeitpause das Stadion, einzig und allein aus gesundem Selbsterhaltungstrieb. Vom Spiel weiß ich gar nichts, nur dass ich von der 1:2-Niederlage zu Hause übers Radio erfuhr. Nach dem verpassten Aufstieg verließ der BFC Dynamo den Prenzlauer Berg, kehrte dem Stadion im Jahn-Sportpark den Rücken und absolvierte den Großteil seiner Spiele wieder im heimischen Sportforum Hohenschönhausen. Lediglich zu „sicherheitsrelevanten" und Pokalspielen gastierten die Weinroten wieder im Prenzlauer Berg. Für mich war mit meiner rechtlichen Volljährigkeit der BFC kein Thema mehr. Wenn überhaupt, verfolgte ich noch die Tabellenlage. In den Folgejahren ertappte ich mich sogar dabei, gehässig bei einer Niederlage zu reagieren. Das gewöhnte ich mir sofort wieder ab. Mein Fußballherz konnte und wollte ich nie überlisten. Die Zeit verging, ich wurde erwachsen, und 1997 lernte ich meine heutige Frau kennen. Sie motivierte mich 1999, mal wieder zum Fußball zu gehen. Mein allgemeines Interesse war wohl deutlich spürbar. Als sie liebevoll unbedarft Hertha oder Köpenick vorschlug, erklärte ich ihr eindringlich die Grundsätze der Fanfolklore und berauschte mich am 7. September 1999 mit einem 1:0-Sieg der

Haupttribüne des Jahnstadions beim Jubiläumsspiel gegen den HSV, September 2016

Weinroten gegen Dynamo Dresden im Sportforum Hohenschönhausen. Das Siegtor fiel kurz vor Schluss durch einen wundervollen Fernschuss, ich traf etliche alte Bekannte wieder und fühlte mich wohl. Ich bin dem kleinen Schubs meiner Frau sehr dankbar. Für die folgenden 15 Jahre wurde das Sportforum auch meine Fußballheimat. Nachdem 2014 der lang ersehnte Aufstieg in die Regionalliga gelang, versuchte der BFC erneut, im Friedrich-Ludwig-Jahn-Sportpark dauerhaft Fuß zu fassen. Dieses Experiment sollte nicht aufgehen. Der Zuschauerzuspruch hielt zwar in etwa das Niveau der Vorjahre, sukzessive konnten sich sogar auch wieder mehr Menschen für den BFC begeistern und kamen ins Stadion. Sportlich lief im Endeffekt aber nicht genug zusammen, um nachhaltiger auf gewünschtem Niveau im Berliner Fußballuniversum zu bestehen. In der Rückschau hatte der BFC auch nie eine echte Chance im Prenzlauer Berg eine taugliche Heimstätte zu finden. Das Stadion im Friedrich-Ludwig-Jahn-Sportpark mussten sich die Weinroten viele Jahre mit anderen Vereinen teilen. Aufgrund ligauntauglicher Heimspielspielstätten und Umbaumaßnahmen trugen die VSG Altglienicke und der FC Viktoria 1889 Berlin ihre Punktspiele ebenfalls im Meisterstadion aus. Schlussendlich blieb das Stadion jedoch einfach zu groß für einen mittelgroßen Berliner Fußballverein. 4.000 BFCistinnen und BFCisten konnten noch so viel Radau machen, und das taten sie unnachahmlich; ein für 20.000 Gäste konzipiertes Rund konnten sie nie befriedigend ausfüllen. Herausragende Ausnahmen, sowie in schöner Erinnerung, bleiben die außerordentlich gut besuchten Berliner Landespokalsiege oder auch das Freundschaftsspiel gegen den Hamburger Sportverein. Anlässlich des 50. Vereinsjubiläums des DDR-Rekordmeisters 2016 gastierte der ehemals große HSV, damals noch Erstligist, im Cantianstadion. 34 Jahre nach dem Ausscheiden im Europapokal gegen denselben Gegner wurde dieses wundervolle 0:4-Unentschieden ein unvergessliches Fußballfest. Mit der Saison 2021/22 ging es für den BFC wieder zurück ins heimische Sportforum nach Hohenschönhausen. Prompt wurde souverän die Regionalliga gewonnen; den verdienten Aufstieg in die 3. Liga verhinderte aber die ungerechte und verlorene Relegation gegen den VfB Oldenburg.

Die jahrelange Heimspielstätte des BFC im Friedrich-Ludwig-Jahn Sportpark führt derweil ein trauriges Dasein und blickt einer unklaren Zukunft entgegen. Seit Jahren ist ein Umbau geplant, der Park soll Berlins größte und modernste Inklusions-Sportstätte werden. Fertigstellung ursprünglich bis zu den Special Olympics 2023 in Berlin geplant, soll das Stadion nun vermutlich doch erst 2027 betriebsbereit sein. Ende 2024 begannen die ersten Abrissarbeiten. Was mit dem Areal des Parks passiert, steht in den Sternen. Noch immer lebe ich mein Privileg und schaue tagtäglich auf die charakteristischen Flutlichtmasten des Jahn-Sportparks. Es ist ein besorgter, bisweilen schon melancholischer Blick. Sie sind nicht mehr in Betrieb, dominieren aber weiterhin mit ihrer ansprechenden Architektur und Ästhetik den Meisterkiez. Es wäre unendlich zu bedauern, wenn sie den geplanten Umbaumaßnahmen zum Opfer fallen würden. Der Prenzlauer Berg verlöre einen absoluten Hingucker und ich möchte doch so gerne weiterhin vis-à-vis der Flutlichtmasten leben.

Mein erstes BFC-Tor (Jahnsportpark, Kleines Stadion),
Frühjahr 1975

SV Tasmania Berlin

von Thomas Vogelpohl

„Klar hat uns dieses eine Jahr in der Bundesliga zerstört. Andererseits hat es uns auch unsterblich gemacht". Besser als Oberteufel Uli es 2015 für eine Reportage des Vice Magazine ausgedrückt hat, kann man die Bedeutung des legendären Bundesligajahres 1965/66 für Tasmania Berlin nicht auf den Punkt bringen. Rein formal hat es den SC Tasmania 1900 nämlich tatsächlich zerstört. Im Sommer 1973, also sieben Jahre nach der Bundesliga-Saison, musste dieser nach einigen vergeblichen Wiederaufstiegsversuchen die Segel für immer streichen – wegen einer aus heutiger (und eigentlich auch damaliger) Sicht lächerlich anmutenden Schuldensumme von 800.000 DM. Bereits im Februar 1973, also vier Monate vorher, wurde jedoch aus der Jugendabteilung des sterbenden SC 1900 heraus schon der Nachfolgeverein gegründet: der bis heute bestehende SV Tasmania 1973, der sich trotz rechtlicher Unabhängigkeit und inzwischen wieder mit Stolz auf das gleichsam ruhmreiche wie berüchtigte Erbe des SC 1900 beruft – und ohnehin immer wieder daran erinnert wird. Denn alle paar Jahre ist es wieder soweit: Kaum kommt ein Bundesligist schlecht aus den Startlöchern oder legt eine massive Pleitenserie hin, schon kommt der obligatorische, anscheinend unvermeidbare Tasmania-Vergleich. Beispiele aus der jüngeren Vergangenheit: „Tasmania Fürth? Diese Uralt-Negativrekorde drohen dem Aufsteiger in dieser Bundesliga-Saison noch", „Auf den Spuren der Tasmania: Schalke 04 vor neuem Negativrekord!", etc.

Die legendäre Bundesligasaison 65/66 ist nach wie vor prägend für die überregionale Wahrnehmung von Tasmania Berlin. Für den Verein selbst und seine Anhänger sind das jedoch olle Kamellen. So nimmt man die ständigen Tasmania-Vergleiche zwar wohlwollend bis belustigt zur Kenntnis und nutzt sie vielleicht auch mal zur PR in eigener Sache. Davon abgesehen handelt es sich beim heutigen SV Tasmania (Kurzform: Tas) aber um einen Verein, der seit 1973 bereits seine eigene Geschichte geschrieben hat, fleißig weiter daran schreibt und nicht auf die kuriose Episode seines Vorgängervereins reduziert werden sollte. Denn Tasmania ist viel mehr als das. Tasmania ist das pure Neuköllner Leben und vereint so ziemlich alles, was diesen Bezirk so lebens- und liebenswert, aber auch was ihn so nervig und manchmal unausstehlich macht: Tas ist schön und Tas ist dreckig, Tas duftet und Tas stinkt, Tas ist bunt und Tas ist grau, Tas ist dumm und Tas ist schlau.

Der schönste Ort der Welt?

Dabei muss man Tas erst mal finden, selbst wenn man sich schon einigermaßen auskennt in Neukölln. So hatte ich zum Beispiel schon gute zehn Jahre Neukölln auf dem Buckel, bevor ich an einem verhängnisvollen Samstagabend im Herbst 2013 mit einem Freund in einer Kneipe saß, in der sich dann in etwa der folgende Dialog ergab:

»Was machst du denn morgen so?«
»Keinen Plan wirklich. «
»Wie wär's denn mal mit Amateurfußball?«
»Ja, warum nicht, was gibt's denn hier in der Ecke?«
Schnell in den FuPa-Kalender für den folgenden Sonntag geschaut:»Hm, nichts oberhalb der sechsten Liga. Da gibt's dann Tasmania. Die haben morgen ein Heimspiel.«
»Echt, die mit der einen Bundesliga-Saison? Die spielen in Neukölln? Wusste ich gar nicht. «
»Nee, ich auch nicht…«

Also am nächsten Tag hin da. Tasmania spielt im eigentlich super gelegenen, aber doch etwas versteckten Werner-Seelenbinder-Sportpark direkt am Tempelhofer Feld, der wahrscheinlich bekannter für sein Eisstadion ist als für das ebenfalls dort befindliche Fußballstadion. Am Rande des hippen Neuköllns versteckt sich dieses nämlich, von der Straße aus kaum sichtbar, hinter einem recht eigenwilligen Funktionsgebäude. Dahinter eröffnet sich dem Besucher dann jedoch ein schmuckes kleines Stadion mit an drei Seiten eng am Spielfeld entlangführenden Stufen, auf den Längsseiten von jeweils gut 250 Sitzplätzen unterbrochen, die zusammen rund 3.500 Zuschauern Platz bieten. Wie ganz Neukölln versprüht es einen rauen Charme, für mich fühlt es sich aber an wie eine Wohlfühloase, wie eine – zugegeben ambivalente – Mischung aus Zuhause und wohlvertrautem Urlaubsdomizil. So ist es einerseits so runtergerockt wie meine Bude im Flughafenkiez, und andererseits natürlich allgemein dafür bekannt, dass dort – wie im Urlaub – immer die Sonne scheint. Abgesehen von der Hasenschänke und dem Sandmann gibt es in Neukölln (und auf der Welt?) jedenfalls keinen schöneren Ort. Gesäumt werden der Platz sowie die links und rechts davon befindlichen Kunstrasenplätze von im Oval angeordneten Bäumen, welche die Ausmaße des früher dort stehenden, deutlich größeren Stadions erahnen lassen. Bis in die 1970er Jahre hinein nämlich befand sich hier nur ein Spielfeld, von dem die 25.000 Zuschauer, die damals reinpassten, noch durch eine Radrennrennbahn getrennt waren und den erfolgreichen Tasmania-Mannschaften der 1950er und 60er Jahre somit nur aus der Ferne zujubeln konnten.

Benannt ist der Sportpark nach dem Meisterringer und kommunistischen Widerstandskämpfer gegen die Nazis Werner Seelenbinder, der sogar auf dem Gelände begraben ist. Zwar hat er mit Tasmania direkt nichts zu tun, sondern „nur" in der direkten Nachbarschaft zu Tasmania beim SC Berolina 03 in der Thomasstraße trainiert. Dennoch fühlen sich die Tas-Fans ihm nahe, seinem Vermächtnis verpflichtet und erinnern regelmäßig an seinen Kampf gegen und seine Hinrichtung durch die Nazis.

Schockverliebt am Tempelhofer Feld

Gut, davon wusste ich erst mal natürlich noch nichts. Es waren daher auch nicht die Geschichte Tasmanias oder des Stadions, sondern vor allem die Leute in ihm, die mir gleich beim ersten Besuch das Gefühl gaben, hier an einem sehr guten Ort zu sein. Erstens zu nennen dabei: Stadionsprecher Rainer, der jedem Namen, den er vorliest, seine ganz eigene, unnachahmliche Note gibt und zudem auch immer wieder schon fast philosophische Weisheiten durch die knarzenden Stadionlautsprecher zum Besten gibt. Zweitens natürlich: die „Tasmanischen Teufel", der Fanclub von Tasmania, wie immer vom Spielfeld aus gesehen links neben der Tas-Trainerbank postiert, der die Mannschaft mit dem eigenwilligen Tasmania-Schlachtruf „Ra-Ra-Ra Tasmania!" nach vorne peitscht. Nach kurzer Zeit war ich selbst bei den circa 15 Teufeln angekommen, die bei jedem Heim- und Auswärtsspiel mit dabei und inzwischen längst der Hauptgrund sind, warum ich mich bei Tas immer noch so wohl fühle.

Der Werner-Seelenbinder-Sportpark in Neukölln

Für das Angefixt-Werden ganz am Anfang waren drittens jedoch vor allem verantwortlich: die Mannschaft und das Trainerteam. Uuhh, jetzt könnte ich ins Schwärmen geraten… Gleich das erste Spiel im Herbst 2013 war ein überzeugendes 3:0 gegen die Füchse Berlin, davon zwei Tore durch den damals 21-jährigen Emre Demir, der gemeinsam mit Robert Schelenz und Ronny Ermel vor der Saison 2013/14 aus Altlüdersdorf zu Tasmania gekommen war und unter anderem mit ihnen die nächsten Jahre bei Tasmania prägen sollte. Zusammen mit jemandem, der zu diesem Zeitpunkt noch gar nicht da war, sondern erst in der Winterpause kam, aber wahrscheinlich den größten Einfluss auf die Erfolgs- und vor allem Spaßwelle der folgenden zwei Jahre haben sollte: Salvatore Rogoli. „Salvi" war eine Offenbarung. Kleiner und inzwischen auch älter als die meisten seiner Mit- und Gegenspieler, aber mit einer Übersicht und Technik gesegnet, die eher die anderen alt aussehen ließen. War Salvi am Ball, passierte in der Regel was Gutes damit. Und er war das noch fehlende Puzzleteil in der Mannschaft vom Trainerteam um Abu und Momar Njie um den sicheren Rückhalt Schelenz, die Abwehrrecken

Ermel und Kevin Lentz, die „aggressive leader" Mehmet Okan Kirli, Okan Isik und Kapitän Zvonimir Penava sowie die Offensivkünstler Demir, Jack Grubert, Kevin Gempf und Walid Enani, die nach Salvis Ankunft sowohl Berlin-Liga als auch Berlin-Pokal so richten aufmischen sollte. So lag Tas bei meinem ersten Besuch gegen die Füchse noch auf Tabellenplatz 11, leistete sich direkt danach noch eine Niederlage, aber gewann dann 17 der nächsten 19 Ligaspiele (bei zwei Unentschieden), wodurch man sich tatsächlich noch an den zuvor lange unangefochtenen Tabellenführer Hertha 03 Zehlendorf heranrobbte. Klares Highlight dabei: das 6:1 auswärts im Spitzenspiel bei eben Hertha 03, das ein einziger Rausch war. Getoppt höchstens noch durch das 2:1 gegen den zwei Klassen höher spielenden Berliner AK im Halbfinale des Berliner Landespokals vor rund 800 ekstatischen Zuschauern im Werner-Seelenbinder-Sportpark.

Drama-Queen Tasmania

Ich war also ein richtiger Tas-Erfolgsfan – also in dem Sinne, dass ich den Erfolg zu Tas mitgebracht hatte, natürlich. Aber auch ich musste dann erkennen, dass Tas-Fan sein auch leidensfähig sein können heißt, denn am Ende sprang natürlich jeweils nur der Vizetitel raus. So riss die 19-Spiele-Serie ohne Niederlage in der Liga am vorletzten Spieltag ausgerechnet zu Hause gegen den Tabellenletzten TuS Makkabi, wodurch der Ligatitel und damit der Aufstieg in die Oberliga noch verspielt wurden. Und auch das Finale im Berlin-Pokal gegen den damaligen Regionalligisten Viktoria Berlin ging nach aufopferungsvollem Kampf, im Laufe dessen selbst Trainer Abu auf das Spielfeld rannte und gegnerische Spieler umgrätschte (wirklich wahr!), mit 1:2 verloren. So stand man nach dieser rauschhaften Rückrunde am Ende zwar mit leeren Händen da, dafür aber mit hervorragenden Aussichten auf die nächste Saison. Und die startete auch so wie die letzte aufhörte (bis auf ganz am Ende), nämlich mit Siegen. 11 der ersten 13 Ligaspiele wurden gewonnen und nach nur einer Niederlage in der Hinrunde überwinterte Tas punktgleich mit Tennis Borussia an der Tabellenspitze. Die stolze Tas-Bilanz des Jahres 2014 in der Liga lautete: 27 Siege, 6 Unentschieden, 2 Niederlagen – doch leider auf zwei Saisons verteilt, denn in der Rückrunde lief es nicht mehr ganz so gut und am Ende wurde auf dramatische Weise wieder alles verspielt.

Das Drama begann im März 2015, als Erfolgstrainer Abu Njie nach zwar durchwachsenem, aber keineswegs dramatisch schlechtem Start in die Rückrunde urplötzlich entlassen wurde. Die Gründe für diese Entlassung waren auch explizit keine sportlichen – sondern menschliche. So wurde Abu in einem schon fast (aber auch wirklich nur fast) liebenswert unprofessionellen öffentlichen Statement des Vorstands „Mobbing in Reinkultur" und „menschenunwürdiges Verhalten" gegenüber der damaligen Team-Managerin vorgeworfen, weswegen „einem leider keine andere Wahl [blieb], als solch eine – für Außenstehende sicher nicht nachvollziehbare – Entscheidung zu treffen". Starker Tobak also, auf den Abu samt seinem mit zurückgetretenen Bruder Momar noch einigermaßen milde reagierte, als er im Gegenzug nur von schlechtem Stil sprach, um eine öffentliche Schlammschlacht zumindest so weit zu vermeiden wie es noch möglich war.

Wieder volles Programm also bei Tas, der Drama Queen, auf und neben dem Platz: Beste Unterhaltung war bei Tas in der Zeit von 2013 bis 2015 garantiert. Denn auch sportlich ging es dramatisch weiter. Miroslav Jagatic hatte kurzfristig für die Njie-Brüder übernommen und hielt die Mannschaft im Aufstiegsrennen. Absolutes Highlight dabei war natürlich der Aufstiegsgipfel bei Tennis Borussia am 3. Mai 2015. Fast 2.000 Zuschauer kamen bei bestem Wetter ins

Mommsenstadion und den englischsprachigen Live-Stream des Spiels verfolgten Leute aus aller Welt. Alles rund um das Spiel war also super, nur das Spiel selbst nicht – gerade aus Tasmanias Sicht.

Vom „ewigen Letzten" zum ewigen Zweiten?

Platz 1 war nach dem absolut uninspirierten 0:2 bei TeBe quasi futsch, aber fast zeitgleich sickerte die Info durch, dass dieses Jahr zwei Vereine aus der Berlin-Liga in die Oberliga aufsteigen sollten. Während also die Chancen auf die Berliner Meisterschaft schwanden, waren die auf den Aufstieg noch immer intakt. Der Konkurrent darum hieß CFC Hertha 06, der erst im Vorsommer in die Berlin-Liga aufgestiegen war, sich also anschickte, den Durchmarsch von der Landes- in die Oberliga zu machen – was in einem wiederum dramatischen Saisonfinale auch gelang. Tasmania hatte einfach zu viele Punkte liegen gelassen und Platz 2 schon vor dem letzten Spieltag an die Charlottenburger verloren. An dem gewann Tas dann 4:1 bei Internationale, was beide Teams in ein Tal der Tränen stürzte, da parallel sowohl Hertha 06 als auch Inter-Abstiegskonkurrent Köpenicker SC gewannen, wodurch Inter abstieg und Tasmania den Aufstieg verpasste – noch dazu beide punktgleich mit ihren jeweiligen Konkurrenten nur aufgrund der schlechteren Tordifferenz. Komplettiert wurde die Parallele zur Vorsaison dann eine Woche später, als Tas erneut das Finale im Berlin-Pokal verlor, in das man einmal mehr in sensationeller Weise eingezogen war – dieses Mal unter anderem durch spektakuläre Siege im Elfmeterschießen im Viertelfinale bei Regionallist Viktoria Berlin (wodurch man sich immerhin für die Niederlage im Pokalendspiel der Vorsaison revanchieren konnte) und im Halbfinale bei Oberligist Lichtenberg 47. Im Finale hieß der Gegner dann BFC Dynamo, der den Neuköllnern – trotz des knapp wirkenden Endstandes von 0:1 – keine Chance ließ. *Same procedure as last year* also…

So aufregend und trotz der vielen verpassten Titel ja irgendwie doch erfolgreich sollte es jedoch nicht weitergehen. Denn mit dem Amtsantritt des für Tas guten alten Bekannten Mario Reichel als Cheftrainer im Sommer 2015 kehrte für zweieinhalb Jahre einigermaßen Ruhe ein – auf und neben dem Platz. Das Muster, das sich in der

Zeit etablierte, war in etwa Folgendes: Immer gehörte Tas zum erweiterten Favoritenkreis, immer spielte man mehr oder weniger gut mit, doch so richtig nah kam man dem Meistertitel und dem Aufstieg nicht. So belegte Tas zum Ende der Spielzeiten 2015/16 und 16/17 jeweils Platz 4 der Tabelle. Auch im Pokal schied man jeweils relativ früh aus und konnte höchstens mal den Neuköllner Bezirkspokal gewinnen.

Ein Schritt rückwärts, zwei Schritte vor: Endlich Meister!

Dieses Muster schien sich auch in der Saison 2017/18 zu wiederholen, in der Tas zum Ende der Hinrunde Platz 6 belegte. Vielleicht um das besagte Muster zu durchbrechen wurde dann jedoch ein Wechsel auf der Trainerposition angekündigt: Zur neuen Saison sollte Tim Jauer, zuvor bereits jahrelang Spieler und Jugendtrainer bei Tasmania (sowie Schwiegersohn des Präsidenten), das Team übernehmen. Auf das Lame-Duck-Dasein hatte Mario aber keine Lust und überließ Tim bereits zur Rückrunde das Feld. Das besagte Muster wurde daraufhin auch tatsächlich unterbrochen – allerdings in die falsche Richtung.

Nach ordentlichem Start in die Rückrunde gingen zum Ende der Saison acht der letzten neun Spiele verloren (unter anderem mit 0:8 zu Hause gegen Stern 1900). Tas landete letztlich auf einem enttäuschenden 8. Platz.

Auch in der Saison 2018/19 schien es zunächst nicht besser zu werden: nach drei Spieltagen stand Tas noch ohne Punkt auf dem vorletzten Tabellenplatz. Darauf folgten aber unglaubliche 29 Spiele ohne Niederlage (davon 24 Siege!), so dass Tas vor dem vorletzten Spieltag schon die Tabellenführung von Sparta Lichtenberg übernommen hatte. Ebendieser vorletzte Spieltag war dann das Highlight der Saison. Am Samstagvormittag veranstalteten die sich zu der Zeit im Exil befindenden TeBe-Fans das „Finale of Love" ihrer „Caravan of Love"-Tour bei uns im Werner-Seelenbinder-Sportpark, bevor Tas dort am Nachmittag Eintracht Mahlsdorf mit 3:1 besiegte.

Am folgenden Sonntag besuchte eine stattliche Delegation aus Tas-Funktionären, -Trainern, -Spielern und -Fans das Auswärtsspiel von Sparta Lichtenberg bei Türkiyemspor, das Letztere souverän mit 4:0 gewannen. Das dreißigste ungeschlagene Spiel in Folge am Tag zuvor sollte also tatsächlich das vorentscheidende gewesen sein. Unglaublich, aber wahr: der Meistertitel und damit der Aufstieg in die Oberliga war Tasmania nicht mehr zu nehmen. Die spontanen Feierlichkeiten in Kreuzberg zogen sich bis spät in die Nacht und wurden am folgenden Wochenende beim nun glücklicherweise bedeutungslosen letzten Saisonspiel bei Empor fortgesetzt. Nach der 2:4-Niederlage an der Cantianstraße ging es für Mannschaft und Fans samt Meistertrophäe im offenen Bus quer durch Berlin zurück zum Werner-Seelenbinder-Sportpark, wo dann feuchtfröhlich weitergefeiert wurde. Eignen sich auch gut für Verhandlungen und Vertragsver-

Aufstieg in die Oberliga 2019: Triumphfahrt von Prenzlauer Berg zurück nach Neukölln

längerungen, solche Meisterfeiern. So sollte für einen Spieler mit dieser Saison eigentlich auch die Zeit bei Tas zu Ende gehen. Wir hatten uns eigentlich auch schon von ihm verabschiedet – doch fünf Bier und drei Saufspiele später kam er plötzlich zu uns getorkelt und lallte: „Ich hab' doch noch mal verlängert!"

Auf in den wilden Osten – mit Kutte natürlich

Aufstieg in die NOFV-Oberliga Nord also! Zugegeben, das hört sich nicht besonders sexy an – und ist es auch nicht. Eine Liga bestehend aus Dorf- und Möchtegernprofi-Vereinen, die den Charme eines verregneten Novembertages in der Uckermark ausstrahlt. Hat was, aber auf Dauer schwierig. Egal: Tasmania wieder überregional – zum ersten Mal seit über 20 Jahren. Da kommen einem die Auswärtsfahrten nach Seelow, Pampow und Torgelow schon wie Reisen ins gelobte Land vor. Und seit Herbst 2019 immer mit dabei: die Bolzmann-Kutte. Im Frühjahr 2018 kam Nachwuchsregisseur Janis Westphal auf uns zu und erzählte uns von seinem Filmprojekt „Bolzmann". Kurzversion: René, ein fiktiver ehemaliger Tasmania-Stürmer, hat die Neuköllner einst zum Aufstieg geschossen, was jedoch bis dato das letzte Highlight seines Lebens war. Nun hängt er, stets ausgestattet mit seiner 80er-Jahre-Tasmania-Jeanskutte von damals, nur noch in seiner (mittlerweile halb-gentrifizierten) Neuköllner Eckkneipe ab und trauert den alten Zeiten nach. Im Rahmen eines in der Kneipe veranstalteten Kickerturniers sinnt René aber auf Rehabilitation – auch weil er von seinem Alter Ego „Bolzmann" in Visionen heimgesucht und vor sich hergetrieben wird.

Gedreht wurde der Kurzfilm im Sandmann, ausgerechnet meiner Stammkneipe direkt vor meiner Haustür. Während ich mich noch fragte, ob mein Leben hier irgendwie Vorbild für einen Kurzfilm zwischen meinem Lieblingsverein und meiner Lieblingskneipe war, waren die anderen Teufel schon Feuer und Flamme für das Mitwirken als Komparsen und als Crowdfunder. Der Dank neben ein paar schönen Tagen am Set im Sommer 2018: Im Oktober 2019 wurden wir zur Filmpremiere im Neuen Off eingeladen, bei der uns die Original-Bolzmann-Kutte geschenkt wurde. Die ist seitdem als Wanderkutte bei jedem Tas-Spiel mit dabei und wird bei einer Niederlage wei-

Die Bolzmann-Kutte in ihrer ganzen Pracht

tergereicht. Zu Beginn der Oberliga-Zeit hätte die Kutte, hätten wir sie damals schon gehabt, quasi nach jedem Spiel weitergegeben werden müssen. Das erste überregionale Auswärtsspiel in Pampow am 4. Spieltag war symptomatisch für Tasmanias Ankunft in der Oberliga: irgendwas zwischen überheblich und grün hinter den Ohren. Die Fans haben sich erst mal schön verfahren auf dem Weg ins Schweriner Umland (Insider-Tipp: nicht über die B5 fahren!) und kamen erst Mitte der ersten Halbzeit an, während die Mannschaft wohl dachte, dass es gegen den Mitaufsteiger aus der mecklenburgischen Provinz auch mit halber Kraft reicht – was mit einer aus Tas-Sicht noch schmeichelhaften 0:4-Klatsche quittiert wurde. Nach acht Spieltagen stand Tas mit nur vier Punkten auf dem vorletzten Tabellenplatz, bevor man sich – quasi zeitgleich mit und wahrscheinlich auch aufgrund der Empfängnis der Kutte – ab Mitte Oktober so langsam eingroovte in der Oberliga und in der Tabelle Stück für Stück nach oben kletterte: bis zur Winterpause immerhin bis auf Platz auf 12, für einen Aufsteiger doch ganz okay.

Zäsur und Corona-Aufstieg

Sportlich sah es rund um den Jahreswechsel 2019/2020 also einigermaßen aussichtsreich aus – weswegen die Zäsur, die Tasmania in dieser Winterpause erwartete, doch einigermaßen überraschend kam. Kurz vor Weihnachten erläuterte uns der langjährige Vorsitzende des Vereins, Detlef Wilde, bei einem eigens einberufenen Fan-Abend an der Britzer Mühle, dass er sein Amt aus gesundheitlichen Gründen nach 20 Jahren niederlegen und Tas an einen neuen starken Mann übergeben wird. Die Bedeutung Detlefs für den Verein ist gar nicht hoch genug zu bewerten. So war er quasi seit der Gründung von Tasmania 1973 an allen wichtigen Entscheidungen für Tas maßgeblich beteiligt, seit 2000 eben als Vorsitzender. Seine Nachfolge hat Detlef dabei selbst geregelt, die abgesehen von seinem eigenen Rücktritt jedoch mit einer weiteren schwer verdaulichen, wenn auch ambivalenten Entscheidung einherging. Denn der neue starke Mann, Almir Numic, hatte auch gleich ein neues Trainerteam im Gepäck, und zwar kein unbekanntes: Abu und Momar waren zurück! So war die Freude darüber zwar einerseits groß, aber andererseits hieß das natürlich auch, dass wir uns von Tim und Elvir, dem Meistertrainerteam, das die Mannschaft nach dem Aufstieg nach anfänglichen Schwierigkeiten auch in der Oberliga auf Kurs gebracht hatte, verabschieden mussten, was beiden Seiten sehr weh tat.

Dem sportlichen Aufwärtstrend, der schon vor der Winterpause erkennbar war, taten diese Wechsel an der Spitze des Vereins keinen Abbruch. Im Gegenteil: Tas gewann sogar auswärts bei Tabellenführer Greifswald (wodurch man diesem den Aufstieg vermieste und ihn TeBe ermöglichte) und konnte sich beim Rückspiel gegen Pampow mit demselben Ergebnis wie im Hinspiel (4:0) für die damalige Klatsche revanchieren. In der Tabelle arbeitete sich Tas damit auf einen beruhigenden 10. Platz vor und blickte einer entspannten Restsaison ohne Abstiegskampf entgegen – die es dann aber wegen der Coronavirus-Pandemie nicht geben sollte.

Die Corona-Zwangspause nutzte der Verein dann äußerst effektiv: Zum einen wurde die Anlage im Werner-Seelenbinder-Sportpark in Eigenregie von Spielern, Trainern, Funktionären und Fans auf Vordermann gebracht, so dass sie zur neuen Oberligasaison nur so blitzte und glänzte. Zum anderen wurde eine Mannschaft für diese Saison zusammengestellt, die nicht nur nichts mit dem Abstieg zu tun haben, sondern vielmehr oben mitspielen sollte – was mehr als gut gelang und am Ende sogar mit dem Aufstieg in die Regionalliga belohnt werden sollte. Kurios dabei: Es wurden coronabedingt nur neun von 32 Spielen absolviert, also gerade mal ein Viertel der Saison, aber dennoch wurde die Saison gewertet – wohl in erster Linie, um das in dieser Saison für den NOFV fixe Aufstiegsrecht von der Regionalliga in die 3. Liga nicht verfallen zu lassen, wovon dann eben auch die bei Saisonabbruch nach Punktequotient Tabellenführenden der beiden NOFV-Oberligen profitierten. Und das war nach dem 9. Spieltag eben Tasmania. Nach sieben Siegen zum Auftakt gefolgt von zwei Niederlagen kam der Abbruch direkt vor dem Spitzenspiel in Greifswald gerade noch rechtzeitig.

Höhepunkt als Tiefpunkt: Implosion in der Regionalliga

Irgendwie absurd, aber was soll's. Ab in die Regionalliga Nordost also – im wahrsten Sinne des Wortes eine andere Liga. Mit dem abermaligen Aufstieg einher ging jedoch eine bittere Pille für jeden Tas-Fan: Es konnte nicht im heimischen Werner-Seelenbinder-Sportpark gespielt werden. Und auch sonst hätte die Regionalligasaison in vielerlei Hinsicht kaum schlechter laufen können. Klar, für den ganzen Verein und gerade für uns Fans war es aufregend, mal mit Tas nach Leipzig, Chemnitz, Jena und Cottbus zu fahren. Und es ging ja auch sportlich gesehen gut los. Am ersten Spieltag wurde beim ersten von zwei „Heimspielen" im Mommsenstadion Babelsberg 03 mit 2:0 geschlagen und danach gegen Lichtenberg 47 und die Zweite von Hertha immerhin unentschieden gespielt.

Dann ging es – parallel mit dem Umzug in die ungeliebte Ersatzheimat Lichterfelde – zwar langsam aber sicher in die Tabellenregion, in der man Tas vor der Saison schon erwartet hatte, aber zumindest konnte man zwischendurch auch immer mal wieder punkten oder sogar gewinnen. Das 2:1 gegen Energie Cottbus Ende Oktober samt obligatorisch polterndem Pele Wollitz war dabei das absolute Highlight – gleichzeitig aber leider auch schon der letzte Saisonsieg, dem teilweise sehr trostlose und bittere 24 Spiele ohne Sieg (davon 21 Niederlagen, zwischendurch 15 am Stück, u. a. ein 1:9 beim Vorletzten Auerbach). Die Kutte musste also sehr viel umhergereicht werden, was letztlich natürlich im direkten Wiederabstieg in die Oberliga mündete – abgeschlagen auf dem letzten Platz, fast wie der alte SC Tasmania 1900 damals in der Bundesliga-Saison.

Dass Tas der Regionalliga sportlich nicht gewachsen sein könnte, war natürlich keine große Überraschung und für sich genommen auch kein großes Problem. Bitterer waren jedoch die Begleiterscheinungen bzw. Auslöser dieser sportlichen Talfahrt. Denn zu kriseln begann es zuerst im zwischenmenschlichen Bereich, dann erst im sportlichen. Unter mal mehr, mal weniger rosenkriegsartigen Umständen verabschiedeten sich zwischen Oktober und Februar nach und nach sämtliche Vereinslegenden, angefangen bei Emre Demir über Julian Loder und Robert Schelenz bis zu guter bzw. schlechter Letzt auch das Trainerteam um Abu und Momar im Zwist mit dem neuen Vorsitzenden hinwarfen. In Verbindung mit der sportlichen Misere ging damit eine Ära zu Ende – wenn auch vielleicht in erster Linie für mich persönlich, weniger für den Verein im Ganzen. So verließen mit „Emmo" und „Schele" die beiden letzten Spieler sowie mit Abu und Momar die Trainer den Verein, die schon im Herbst 2013, als ich dazukam, dabei waren und seitdem (bei Emmo mit zwei Jahren sowie bei Abu und Momar mit mehreren Jahren Unterbrechung) die Geschicke des Vereins entscheidend mitgestalteten. Zumindest bezogen auf die erste Herrenmannschaft ist Tasmania damit in kürzester Zeit quasi implodiert. So war drei Jahre nach der Berlin-Liga-Meisterschaft 2019 (bis auf den zweiten Vorsitzenden Hussein

Letztes Spiel der Aufstiegssaison 2018/19 auswärts beim SV Empor

Ahmad) kein einziger Akteur noch mit dabei – kein Spieler, kein Trainer, kein Funktionär. Insgesamt war der Umbruch also – auch ganz ohne persönliche Perspektive – schon ziemlich atemberaubend (wenn auch für den ambitionierteren Amateurfußball vielleicht gar nicht mal so außergewöhnlich).

„Kooperation" mit Blau-Weiß 90: Himmelfahrtskommando zurück in die Regionalliga?

Und ganz vorbei sollte der Umbruch noch nicht mal gewesen sein, noch nicht mal annähernd. Denn nachdem die sportliche Talfahrt in der Oberliga zunächst mal weiterging (immerhin endlich wieder zu Hause in Neukölln) und Tas sich im Herbst 2022 auf dem vorletzten Tabellenplatz wiederfand, also den Durchmarsch zurück in die Berlin-Liga hinzulegen drohte, bahnte sich bereits die nächste große Veränderung an. „Zustimmung zu Verhandlungen über Kooperationen mit anderen Vereinen" stand Mitte Oktober ganz knapp als zweiter Tagesordnungspunkt auf der Agenda für die kurzfristig für den 1. November anberaumte außerordentliche Mitgliederversammlung (MV) von Tasmania. Was hatte das denn bitte zu bedeuten? Sollten wir zum Farmteam eines größeren Vereins werden? Vom BAK oder so oder, noch schlimmer, vom VfL Wolfsburg oder Ähnlichem? Oder sollte ein kleinerer Verein, aus der Landesliga vielleicht, unser Farmteam werden? Ein Berlin-Ligist solle es werden, hieß es dann noch einigermaßen nebulös am Rande der genannten MV. Okay, eine Kooperation mit einem Verein also, mit dem wir quasi auf Augenhöhe stehen? Wie soll das denn aussehen? Noch überraschender war dann die Info, die kurz darauf durchsickerte: Blau-Weiß 90 solle es werden. Hä? Eine Kooperation mit einem von den Strukturen her schlechter aufgestellten, aber sportlich (wenn auch in derselben Liga spielend) besser dastehenden Verein also? Wer bekommt denn da „das längere Ende der Wurst"? Entspannt wurde diese Ankündigung von uns Fans natürlich nicht aufgenommen. Behalten wir unseren Namen und unsere Farben? Spielen wir weiterhin im Seelenbinder?

Aber auch diese Unklarheiten hielten nicht lange an. Es wurden Nägel mit Köpfen gemacht. Nur kurze Zeit später wurde die zweite außerordentliche MV im November anberaumt, in deren Vorfeld dann auch klar wurde, wie das Ganze aussehen soll: ab der Saison 2023/24 übernimmt Tasmania die 1. Herren von Blau-Weiß, die sich damit einhergehend in die Berlin-Liga zurückzieht. Diese Mannschaft firmiert dann weiterhin unter Blau-Weiß 90, ist de facto aber das Ausbildungsteam von Tasmania, in dem sich Nachwuchsspieler aus der A-Jugend von Tas für die erste Herren von Tas empfehlen können, die dann mit Unterstützung einiger Spieler der damaligen Oberligamannschaft von Blau-Weiß den Wiederaufstieg in die Regionalliga in Angriff nehmen will. Am 23. 11. wurde das Ganze dann bei den jeweiligen Mitgliederversammlungen durchgewinkt. Kurz gefasst also: Wir bekommen „das längere Ende der Wurst" und Blau-Weiß 90 wird mehr oder weniger unser Farmteam.

Alles super also für Tas? Nicht unbedingt. Zwar konnte der sportliche Abstieg aus der Oberliga durch eine vorzeitige BW90-Frischzellenkur in der Winterpause und eine entsprechend erfolgreichere Rückrunde letztlich souverän vermieden und damit überhaupt die Voraussetzung für das Zustandekommen der „Kooperation" geschaffen werden. Dennoch steht der ganze Plan weiterhin auf einem ziemlich wackeligen Fundament: Er beruht nämlich auf der Voraussetzung, dass der Bezirk Neukölln, so wie er es zum 50-jährigen Vereinsjubiläum im Februar 2023 versprochen hat, in absehbarer Zeit ein regionalligataugliches Stadion in den Seelenbinder-Sportpark stellt, das sich, sollten die Umstände es erfordern, sogar in ein drittligataugliches ausbauen ließe. Wer sich an die Zusage des Bezirks im Sommer 2021 erinnert, das Stadion zumindest provisorisch regionalligatauglich zu machen, so dass wir wenigstens die Rückrunde der Regionalligasaison 2021/22 zu Hause spielen können, weiß jedoch, was von solchen Zusagen seitens des Bezirks zu halten ist – zumal in Zeiten knapper Kassen, in denen die Bezirke ohnehin schon an allen Ecken und Enden sparen müssen. Schönen Dank an dieser Stelle an den schwarz-roten Senat.

Und abgesehen davon muss sich der sportliche Erfolg, den man sich von der Kooperation verspricht und der für ihren Erfolg ja maßgeblich ist, auch erst mal einstellen. „Kräfte bündeln" schön und gut, aber so selbstverständlich wie sich die Verantwortlichen dies anscheinend vorstellen, ist das natürlich keineswegs. Und was passiert, wenn es nicht klappt? Insofern gibt es einiges, was kritisch zu sehen ist, sowohl was den Prozess als auch was den Inhalt der „Kooperation" mit Blau-Weiß 90 angeht. Natürlich werden wir Fans Tas auch weiterhin tatkräftig und lautstark unterstützen, egal wo es mit dem Verein hingeht, solange er seine Identität als familiärer Neuköllner Kiezclub behält. Das scheint im Rahmen dieser „Kooperation" mit Blau-Weiß 90 (zumindest für Tas) glücklicherweise zumindest erst mal gewährleistet zu sein. Was wir jedoch nicht wollen, ist zum nächsten Projekt „Dritte Kraft in Berlin" werden, das nach kürzester Zeit krachend scheitert und zum Gespött der Berliner Fußballszene wird. Noch viel schlimmer als das wäre es aber, wenn auf dem Weg dahin essenzielle Dinge wie der familiäre Charakter, die Verankerung im Kiez und die vereinsinterne Demokratie und Mitbestimmung auf der Strecke blieben. Denn das sportliche Abschneiden wird zumindest für mich bei Tas auch in Zukunft nicht an allererster Stelle stehen – deswegen geht man nicht zu einem Verein, der vor allem für seine Erfolglosigkeit bekannt ist, sei sie auch noch so lange her. Viel wichtiger ist es, während der Spiele auf den heiligen Stufen im Werner-Seelenbinder-Sportpark zu stehen, dabei mit Fans und Freunden, Angehörigen der Spieler, Kids und verirrten Hipstern aus dem Kiez, Groundhoppern aus aller Welt, Meckerrentnern, etc. zu schnacken und danach zusammen ein Getränk zu sich zu nehmen im vereinseigenen „Tasino" auf dem Gelände, auf dem Tempelhofer Feld oder der Hasenheide nebenan oder in einer der unzähligen Kneipen in den benachbarten Neuköllner Kiezen – den schönsten Orten der (Neuköllner) Welt eben!

SV Lichtenberg 47

von Max Wlodarczak

Wenn Menschen nach Berlin ziehen ist ihr Ziel, meist möglichst innerhalb des Berliner S-Bahn-Rings zu wohnen. Am begehrtesten sind hier natürlich Szenebezirke wie Kreuzberg-Friedrichshain, Prenzlauer Berg und mittlerweile auch der Wedding. Mitleidiges Nicken ernten hingegen Berliner, welche ihre Heimat Marzahn-Hellersdorf, Treptow-Köpenick oder Lichtenberg nennen. Für Außenstehende ist eben jenes Lichtenberg vor allem dafür bekannt, für nichts bekannt zu sein. Höchstens der Tierpark oder der jährliche Marsch zum Grab von Karl Liebknecht und Rosa Luxemburg auf dem Zentralfriedhof ist einigen geläufig – nimmt aber schon lange nicht mehr auch nur annähernd die Ausmaße aus den Zeiten von Honecker, Mielke und Genossen an.

Für Fußballfans, im Grunde egal welchen Vereins, ist Lichtenberg jedoch auch in anderer Hinsicht bekannt. Denn unweit der sozialistischen Prachtstraße namens Stalin-Allee, später dann Karl-Marx- bzw. Frankfurter Allee, befindet sich mitten in einem Wohngebiet das zweitgrößte reine Fußballstadion der Hauptstadt: das Hans-Zoschke-Stadion. Den heutigen Namen (der Name einer kommunalen Wohnungsbaugesellschaft, die seit 2009 ebenfalls im Namen vorkommt, soll hier keine Rolle spielen) erhielt das Stadion im Jahr 1952. Bis dahin nur Stadion an der Normannenstraße genannt, wurde es in Hans-Zoschke-Stadion umbenannt. Dies ist auch relativ naheliegend, denn erstens legte man in der ehemaligen DDR großen Wert auf die Verewigung der sozialistischen Helden und antifaschistischen Kämpfer, und zweitens wuchs Hans Zoschke im Bezirk auf und kämpfte bis zu seiner Verhaftung im Februar 1942 aktiv gegen das Nazi-Regime. Eine Plakette im Eingangsbereich erinnert bis heute an ihn. Ebenfalls bekam seine Urne einen Platz an der Gedenkstätte der Sozialisten im nahegelegenen Zentralfriedhof.

Hans-Zoschke-Stadion im Februar 1985, eingerahmt von den beiden Teilobjekten der Stasi-Zentrale

Wenn man vom nahegelegenen U-Bahnhof Magdalenenstraße zum Stadion läuft, kann man heute auch wunderbar den kurzen Fußweg durch das Gelände der Stasizentrale nehmen. Vorbei am Stasi-Unterlagen-Archiv, dem Stasimuseum und einem Ärztehaus. Im Sommer gibt es hier regelmäßig Freiluftvorführungen von Filmen in Bezug auf die DDR, es gibt Texttafeln und ein Besucherzentrum. Praktisch jedes Lichtenberger Schulkind wird hier mal zu Besuch gewesen sein (wie auch der Autor dieser Zeilen). Von hier aus wachte Mielkes Staatsicherheit darüber, dass auch ja kein Bürger den Sozialismus in seinem Laufe aufhielt oder gar auf die Idee kam, ihm den volkseigenen Rücken zu kehren. Wie die Staatssicherheit selbst, wuchs auch der Komplex zur Unterbringung des Ministeriums immer weiter und stellte eine kleine, abgeschottete Stadt – mit immerhin 7,3 Hektar Fläche – in der Stadt dar. Mit einer Ausnahme: Lichtenberg 47 hatte es sich schließlich unmittelbar vor der eigenen Haustür gemütlich gemacht und frönte dort der leiblichen Ertüchtigung und dem Wettkampfsport in mehreren Sparten. Soweit nichts

Besonderes, wäre dort nicht die Strukturierung des Fußballsports in der DDR, welche vorsah, dass Vereine grundsätzlich an Institutionen (Polizei, Militär, Gewerkschaften) oder Volkseigenen Betrieben (Stahlwerke, Chemiekombinate oder z. B. Textilindustrie) angegliedert sein sollten. Statt sich nun aber unter den Mantel eines Betriebes oder Ähnlichem zu begeben und damit vielleicht den Beinamen „Stahl", „Chemie" oder „Vorwärts" zu erlangen, verharrten die Mannen im Kiez dabei, einen durch Mitglieder und lokale Kleinsponsoren geführten Verein zu haben. Nach Auflösung und Neuordnung sämtlicher Ligastrukturen im sowjetischen Einflussbereich wurde am 26. April 1947 der SC Lichtenberg 47 aus der Taufe gehoben. Dieser wurde wiederum 1950 in eine Sportgemeinschaft („SG") umgewandelt.

Der Verein startete recht furios in die neue, sozialistische Fußballära und konnte sich, sicher auch durch die Spaltung des bis dahin sektorenübergreifenden Ligabetriebes innerhalb Berlins, für die neue DDR-Oberliga qualifizieren und spielte so tatsächlich die Saison 1950/1951 erstklassig. Gleichzeitig wurde an der Normannenstraße fleißig gebaut, um einen Austragungsort der „Weltfestspiele der

Hans - Zoschke - Stadion

Datum	lfd.Nr.	Beanstandungen / Vorkommnisse	Bemerkungen	nicht mehr festgestellt am/ beseitigt am/ durch
29.8.	241	15.00 Uhr - 16.40 Uhr Fußballspiel (EAB Lbg.-47 KWO Bln.), ca. 200 Zuschauer Zu-und Abgang über Eingang Ruschestr. keine Vorkommnisse	Beobachtung mit der FBA von 14.35 bis 17.00 Uhr	
5.9.	248/87 3184	Fußballspiel EAB 47. ca. 30 Zuschauer	FBA - 1500-16.46 h	
13.9.	256/87 3284	13.00 - 14.30 Uhr - Fußballspiel EAB 47 - Luftschiffhafen Potsdam (Damen)		
14.9	x257/87 3298	Am Haupteingang zum Stadion ist eine Fahne (DDR) auf Halbmast.		Information an den Platzwart Koll. ▓▓▓, Fahne wird entfernt.
10.10.	283/87 3614	13.30 - 16.15 Uhr Fußballspiel - ca. 100 Zuschauer.	FBA - 13.30 - 16.15	
16.12.	360/87 4379	14.00 - 15.45 Uhr Fußballspiel - EAB 47 ca. 30 Zuschauer		
31.12.	365/87 4542	Am Verbindungsweg zwischen Tribünenmauer des Stadions und Maschendrahtzaun ein verendeter Hund festgestellt.	LO, verständigte ODH/VPI - Lichbg.	gegen 10.40 Uhr wurde der Hund durch VP abtransportiert.

Notizen der Staatssicherheit über Vorkommnisse am Hans-Zoschke-Stadion in den Monaten August bis Dezember 1987

Jugend und Studenten für den Frieden" im August 1951 zu errichten – wie es sich für ein Stadion der Nachkriegszeit gehörte, natürlich vor Allem mit dem Schutt aus den umliegenden Gebieten und mit fleißiger Hilfe der FDJ. Zu halten war der Termin nicht – erst am 14. September 1952 wurde das Stadion mit dem Endspiel des FDGB-Pokals zwischen der SV Volkspolizei Dresden (heute Dynamo Dresden) und der BSG Einheit Pankow (heute VfB Einheit zu Pankow) vor der bis heute gültigen Rekordkulisse von 18.000 Zuschauenden eingeweiht. Erst einen Monat später folgte die Premiere der Lichtenberger gegen die BSG Turbine Weimar und die Benennung des Stadions nach eben jenem Hans Zoschke.

Im sich langsam, aber sicher entwickelnden DDR-Fußball verloren die Rot-Weißen jedoch alsbald den Anschluss an die Spitzenteams – sicher auch begründet durch die fehlenden Zuwendungen der sonst recht hilfreichen Trägerbetriebe. Die Benachteiligung bei der in der DDR üblichen Delegation von talentierten Spielern zu größeren Vereinen tat ihr Übriges. Und so mogelte sich der Verein durch die Jahre und blieb zumindest bis zum Ende der 1960er unliebsamer, aber verschonter Begleiter im Kiez. Als man jedoch den Anschluss zu verlieren drohte und finanziell endgültig nicht mehr mithalten konnte, musste man sich den sportlichen Strukturen beugen und schloss sich gemeinsam mit der BSG Elpro zur BSG EAB Lichtenberg 47 zusammen. Ein Name der im typischen DDR-Sprech etwas steif daherkommt und auf den neuen Trägerbetrieb („Elektroprojekt und Anlagenbau") verweisen sollte. Zur gleichen Zeit verleibte sich das Ministerium für Staatsicherheit immer mehr Areal und Objekte innerhalb des Kiezes ein. Nachdem man lange Jahre noch um eine direkte Konfrontation herumkam, wurden die Einschläge rund um das Stadion ab dem Beginn der 1970er enger und vor allem lauter. Immer mehr Kleingärten, Schuppen, Garagen und Grundstücke wurden Stück für Stück vom Ministerium in Beschlag genommen und meist entschädigungslos übernommen. Hier kommt ein Mythos zum Tragen, welcher sich im und um das Stadion immer wieder erzählt wird. Angeblich begab es sich nämlich, dass die Witwe von Hans Zoschke vehement intervenierte, als das Stadion beseitigt werden sollte. Elfriede „Friedel" Zoschke (die ihre Wohnung dem MfS für konspirative Zwecke zur Verfügung stellte) wurde mutmaßlich bei Erich Honecker persönlich vorstellig und verhinderte so den Abriss des Stadions. Als im Jahr 2019 eine Ausstellung unter dem Titel „Fußball auf dem Hinterhof der Stasi" entstand, konnte von Historiker Christian Booß jedoch nichts Handfestes in den unzähligen Unterlagen, die er untersuchte, gefunden werden, was diesen Mythos beweisen oder auch nur bekräftigen würde. Der Geist

dieses Mythos hat laut Booß jedoch nicht unwesentlich zur Stabilisierung und für Zusammenhalt gesorgt, der den Verein (auch unter einem Trägerbetrieb) bis heute trägt und Lichtenberg 47 zu einem echten „Kiezverein" macht.

Spätestens mit der intensiven Planung einer Anlage für Sport- und Schießübungen und der Suche nach einem geeigneten Ersatzstandort für den Verein, schienen die Tage der Fußballer im Hans-Zoschke-Stadion gezählt. Als dann auch noch am nördlichen Stadtrand in Malchow ein Fleckchen gefunden wurde, um den Verein umzusiedeln, war die Messe wohl endgültig gelesen. Spätestens nach Ablauf der Saison 1987/88 sollte der Verein umsiedeln und so das Gelände endlich in den Besitz des Ministeriums übergehen. Zu verdanken haben wir dieses schmucke Stadion heute der Mangelwirtschaft der DDR (in den letzten Atemzügen des real existierenden Sozialismus konnte weder sonderlich schnell geplant, noch gebaut werden) und der friedlichen Revolution im November 1989, welche die DDR und damit auch Staatssicherheit und Genossen hinwegfegte.

Unmittelbar nach der Wende erhielt der Verein auch wieder seinen alten Namen und fristete ein doch eher unauffälliges Dasein im Berliner Fußball. Seit Mitte der 2010er Jahre geht es jedoch auch wieder nach oben. Man behauptete sich mehrere Jahre in der Oberliga, was vor allem durch viel ehrenamtliche Unterstützung aus dem

Kiez und durch ruhiges, seriöses Arbeiten möglich gemacht wurde. Den letzten sportlichen Höhepunkt erreichte man schließlich im Jahr 2019. Man konnte den Aufstieg in die Regionalliga Nordost feiern, wo einstmals große Mannschaften wie Chemie und Lok Leipzig oder auch der ehemalige Serienmeister BFC Dynamo spielen. Verbunden natürlich mit weitreichenden Renovierungen des Stadions. Unter anderem bekam das Stadion endlich ein Flutlicht und sogar ein kleines Dach im Sitzplatzbereich. Gezahlt wurde dies aus dem „Vermögen von Parteien und Massenorganisationen der DDR" – eine kleine und späte Rache an die Genossen von nebenan. Dass das erste Spiel unter Flutlicht im Februar 2022 auch noch gegen den Bezirksnachbarn, dem DDR-Rekordmeister und „Mielke-Club", mit 2:0 gewonnen wurde, dürfte auch mehr als 30 Jahre nach der Wende für nicht Wenige im Verein eine kleine Genugtuung darstellen. Im Sommer 2023 ging es wieder eine Klasse tiefer, in die NOFV-Oberliga Nord, von wo der Verein ganz sicher alsbald wieder versuchen wird, den großen Sprung in die Viertklassigkeit zu packen.

Dem Fußballromantiker sei jedoch unabhängig von der Klasse des Vereins ein Besuch ans Herz gelegt. Mit dem Hintergrund der wechselhaften Geschichte und einem Abstecher auf das Stasigelände mit seinen Ausstellungen, kann man sich die Geschichte der DDR im Kontext von Fußball kaum besser erlebbar machen. Denn von wo einst Mielkes Schergen die Überwachung und Verfolgung der eigenen Bürger steuerten, steht hoffentlich noch viele Jahrzehnte „ditt Zoschke" und verzaubert Fußballfans von Nah und Fern.

Das Hans-Zoschke-Stadion in der Gegenwart

TuS Makkabi Berlin

von Michaela Roßberg

Am 3. Juni 2023 war *der* Tag. Ein Tag, der allen Mitgliedern des Turn- und Sportverein Makkabi Berlin, allen Freunden und Freundinnen des Vereins, und sicher auch allen Spielern der 1. Mannschaft für sehr lange Zeit in Erinnerung bleiben würde. Im vollen Mommsenstadion in Berlin-Charlottenburg spielte sich der Verein mit einem 3:1-Sieg nach Verlängerung gegen Sparta Lichtenberg zum größten Erfolg seiner Geschichte. Mehrere tausend Besuchende bekannten sich offen zu einem jüdischen Verein, trugen seine blau-weißen Farben und jubelten ihm zu. Eine besondere Stimmung lag in der Luft. Makkabi Berlin, dessen Vorgängerverein Bar Kochba Berlin vor mehr als 80 Jahren verboten wurde, siegt in der gleichen Stadt, in der dessen Mitglieder entrechtet, verfolgt und gedemütigt wurden. Selbst in internationalen Medien blieb der Sieg nicht unerwähnt, und seine Bedeutung für die jüdische Bevölkerung in Deutschland kann, ohne Übertreibung, als über die Maßen bedeutungsvoll bezeichnet werden. Auf den Sieg folgte eine Durchweg positive Bericht-erstattung ohne die sonst üblichen Verweise auf antisemitische Anfeindungen, Ausschreitungen oder den Nationalsozialismus. Ein Stück sportlichen Alltags und Aufmerksamkeit, die sich ausschließlich auf das sportliche Geschehen richtete.

Die Fakten: Mit dem Sieg des Berliner Landespokals, und damit der Einzug in die erste Runde des DFB-Pokals, ist für den Verein eine großzügige Antrittsprämie von 210.000 Euro und ein volles Haus beim bevorstehenden Hauptrundenspiel gegen den Bundesligisten VfL Wolfsburg verbunden. Das Besondere: Erstmals überhaupt hatte sich ein jüdischer Verein für den DFB-Pokal qualifiziert. Schon im Mommsenstadion zeigte sich das enorme Interesse der Berlinerinnen an der Finalkonstellation. Mehr als 4600 Personen saßen und standen bei strahlendem Sonnenschein und bejubelten die Mannschaften. Nach 1989 war es nur ein einziges Landespokalspiel überhaupt, das

Landespokalfinale 2023 gegen Sparta Lichtenberg im Mommsenstadion

mehr Menschen anlockte: 2007 wollten 5624 Zuschauerinnen den 7:0-Sieg von Union Berlin gegen den Köpenicker SC sehen.

Trotz des ungewohnten Andrangs, der dafür sorgte, dass manche Fans lange auf ihren Einlass warten mussten, war die Stimmung bestens. Alle Fans im Makkabi-Block waren sich der historischen Bedeutung des Spiels bewusst. Mitglieder anderer Makkabi-Vereine wie Frankfurt und Köln waren zu Gast und stimmten zusammen mit dem einheimischen Anhang immer wieder den Schlachtruf „Makkabi Chai" an. Das hebräische Wort „Chai" ist gleichzeitig auch Symbol und bedeutet „leben" bzw. „lebendig sein".

Dem begeisternden Finale vorausgegangen war eine fulminante Saison in der Oberliga Berlin, die der Verein auf Platz drei beendete. Als Startpunkt der positiven Entwicklung lässt sich das Engagement von Trainer-Urgestein Wolfgang Sandhowe festmachen. Mit viel Erfahrung bereitete er seit der Saison 2019/20 dem stetigen Erfolg der 1. Mannschaft den Boden. Der Trainer gilt als Freund von Ausdauer und Disziplin. Obwohl die Mannschaft aus Amateuren besteht, wird an vier Abenden der Woche trainiert.

Das bevorstehende Spiel der Hauptrunde des DFB-Pokals stellte die Verantwortlichen des Vereins allerdings vor große logistische Herausforderungen. Besonders die Durchführung des Kartenverkaufs für Heim- und Auswärtsfans konnte nicht eigenständig gestemmt werden. Dankenswerterweise half der Bundesligist und Gegner aus Niedersachsen ganz unprätentiös. Makkabi-Manager Ilja Gop zeigte sich dankbar für die Unterstützung und bezeichnete die Zusammenarbeit als eine „Achse des Guten".

Offizielle Heimstätte der Fußballmannschaft des TuS Makkabi Berlin ist die Julius-Hirsch-Sportanlage. Gelegen in der pittoresken Siedlung Eichkamp, umrahmt von Kleingärten und gediegenen Einfamilienhäusern. Ein Ort, der trotz seiner Nähe zu S-Bahn und AVUS, Ruhe und Entschleunigung ausstrahlt. In den Straßen des Eichkamp sind insgesamt 27 Stolpersteine zum Gedenken an jüdische Bürgerinnen und Bürger verlegt worden. Wenige Meter Gehweg zeugen von vielfältigem jüdischem Leben. Von Berlinern und Berlinerinnen, deren Lebenswege abgeschnitten und zerstört wurden.

In unmittelbarer Nähe dieser Straßen liegt die Sportanlage des TuS Makkabi. Seit 2007 trägt sie den Namen des jüdischen Nationalspielers Julius Hirsch, der vor dem 1. Weltkrieg zu den besten Fußballspielern des damaligen Kaiserreichs zählte. Hirsch beendete seine Karriere 1925, blieb aber bis 1933 Mitglied des Karlsruher FV. Als die deutschen Sportvereine alle jüdischen Mitglieder aus ihren Reihen entfernten, kam Julius Hirsch dem Karlsruher FV zuvor und trat aus dem Verein aus. Viele Vereine taten dies oft schon im vorauseilendem Gehorsam gegenüber dem neuen Regime und bevor der sogenannte Arierparagraph in den Vereinsstatuten verankert und angewendet wurde. Julius Hirsch wurde 1942 in das Vernichtungslager Auschwitz deportiert und dort ermordet. Der genaue Tag seines Todes ist unbekannt. In seinem Gedenken wird jährlich der Julius-Hirsch-Preis des Deutschen Fußball-Bunds vergeben. Er wird an Initiativen und Vereine verliehen, die sich mit Engagement in Projekte für Toleranz und Offenheit in der Gesellschaft einsetzen. Die Verfolgung und Ermordung der Juden und Jüdinnen durch die Anhängerinnen und Anhänger des Nationalsozialismus zerstörte die Strukturen des jüdischen Fußballs, stoppte dessen Entwicklung für

Jahrzehnte und löschte die Erinnerung an die Vereine und ihre Mitglieder für lange Zeit aus. Die Gründung des Sportverbands Makkabi Mitte der 1960er war somit auch Ausdruck eines wiedererstarkten jüdischen Lebens in der westdeutschen Bundesrepublik. In der DDR, hinter der Mauer des geteilten Deutschlands, existierte nie ein jüdischer Sportverein.

Die Benennung der vereinseigenen Sportplätze nach dem heute bekanntesten jüdischen Spieler der deutschen Fußballgeschichte ist auch als Statement und Bekenntnis zur eigenen Geschichte und Vereinsidentität zu verstehen. Gegenwärtig gibt es neben Makkabi 21 jüdische Sportvereine mit Fußballvereinen im Spielbetrieb des DFB. Gegründet am 26. November 1970, startete der Verein seinen Spielbetrieb erstmals in der Saison 1971/72 in der untersten Berliner Spielklasse, der Kreisliga C. Eingebettet in den Alltag einer deutschen Nachkriegsgesellschaft, in der die gesellschaftliche Aufarbeitung der Verbrechen des Nationalsozialismus kaum stattfand, war die Gründung eines offen jüdischen Vereins gleichbedeutend mit einem Statement des wiederauflebenden Judentums in der Bundesrepublik. Makkabis historische Wurzeln reichen jedoch bis in die letzten Jahre des 19. Jahrhunderts zurück. Eine Zeit, in der der sogenannte „moderne Antisemitismus" immer verbreiteter war und zunehmend auch in Sportvereinen um sich griff. Juden wurden immer häufiger aus den nationalen Turnvereinen gedrängt und suchten in der Bildung eigener Sportvereine Lösungen, um in Sicherheit vor Anfeindungen und Herabwürdigungen Sport zu treiben.

1898 gründete sich „Bar Kochba Berlin", der erste jüdische Sportverein in der Geschichte des deutschen Vereinssports – benannt nach Simon Bar Kochba, jüdischer Rebell, der den Bar-Kochba-Aufstand gegen das Römische Reich anführte (132 bis 135 n. Chr.). Er war allerdings nicht der erste jüdische Fußballverein der Stadt. Das war der seit 1905 existierende SC Hakoah Berlin („Hakoach" ausgesprochen – bei der Transkription in lateinischen Buchstaben oft fälschlicherweise als „Hakoah" wiedergegeben – und bedeutet soviel wie Stärke oder Kraft). Bis zu seiner Fusion mit Bar Kochba 1929 hatte der Verein mit 500 Mitgliedern die höchste Zahl aktiver jüdischer Freizeitfußballer während der Weimarer Republik. Seine Spielstätte lag

Makkabi- und Bar Kochba-Fahne beim Internationalen Sportfest des Bar Kochba Hakoah Berlin, 1. August 1937

nahe der heutigen Julius-Hirsch-Sportanlage direkt im Grunewald. Fünf Jahre nach der Gründung Bar Kochbas wurde Makkabi Deutschland als Dachverband aller deutsch-jüdischen Sportvereine gegründet. Er trug eine eindeutig zionistische Ausrichtung. So waren ab 1903 für den Erwerb des Makkabi-Leistungsabzeichens Kenntnisse in Hebräisch, der jüdischen Geschichte, des Zionismus, in Palästinakunde und der Makkabi-Bewegung nötig. Der Verein war Teil einer Bewegung, die junge Juden und Jüdinnen aktiv auf ihre Emigration nach Israel vorbereiten wollte. 1921 entstand der Makkabi-Weltverband. Gegründet auf dem 12. Zionistenkongress hatte der Verband zunächst in Wien, einige Jahre später in Berlin seinen Sitz. 1935 musste der Sitz nach London verlegt werden. Nach Kriegsende siedelte er ins damalige Palästina über.

Die Geschichte von Bar Kochba Berlin war zu diesem Zeitpunkt noch nicht fertig geschrieben. Zunächst als reiner Turnverein gegründet, öffnete sich der Verein im Laufe der Zeit auch anderen populären Sportarten wie eben dem Fußball. Auf dem Höhepunkt seiner Größe hatte der Verein 1930 über 40.000 Mitglieder. Wenige Jahre später wurde im Oktober 1938 das 40-jährige Jubiläum des Vereins mit einem großen Fest auf dem Grunewalder Sportplatz im Jagen, der ehemaligen Spielstätte von Hakoah Berlin gefeiert. Es waren die letzten offiziellen Feierlichkeiten zu denen sich die Mitglieder untereinander treffen, austauschen und sportliche Wettkämpfe austragen konnten. Nach den Novemberpogromen einen Monat später wurde per gesetzlichen Erlass das jüdische Vereinsleben im Deutschen Reich verboten.

Aber warum eigentlich der Name Makkabi? Der Begriff geht zurück auf die Makkabäer aus dem 2. Jahrhundert v. Chr. Diese erkämpften in einem siegreichen Aufstand gegen die herrschenden hellenistischen Seleukiden die Wiedererrichtung des zweiten jüdischen Tempels. Es ist die Überlieferung einer Gruppe mutiger Männer im Kampf gegen die politische Bedrohung ihrer Religion. Das acht Tage dauernde Fest Channuka erinnert daran. Der Verein selbst zieht auf seiner Website Parallelen zu den historischen Kämpfern. „Der historische Sieg des TuS Makkabi und der Einzug in die Hauptrunde des DFB-Pokals markierten einen Meilenstein in der Vereinsgeschichte. Mit Leidenschaft, Entschlossenheit und unbändigem Teamgeist haben unsere Spieler eine außergewöhnliche Leistung gezeigt. Dieser Erfolg wird für immer in den Annalen des TuS Makkabi verewigt bleiben und als Inspiration für kommende Makkabäer dienen."

Der TuS Makkabi Berlin sieht sich in der direkten Nachfolge von Bar Kochba Berlin. Heute muss jedoch kein Mitglied Kenntnisse in der Geschichte des Zionismus vorlegen, um akzeptiert zu werden. Der Verein von heute ist ein Breitensportverein. Mehr als 500 Mitglieder in sechs verschiedenen Abteilungen repräsentieren den Verein. Die 1. Herrenmannschaft sorgt mit ihren Erfolgen dabei für die meiste Berichterstattung und mediale Aufmerksamkeit. Eine Frauenmannschaft gibt es hingegen nicht. Der Verein geht offensiv damit um und wirbt immer wieder um weibliche Mitglieder. Neben Seniorenteams gibt es in allen Altersstufen Jugendmannschaften, die von Kreisklasse bis Bezirksliga vertreten sind. Nach dem sukzessiven Erfolgen der 1. Mannschaft lässt sich mittlerweile auch eine langsame Steigerung der aktiven jungen Fußballspieler feststellen. Nachdem in der Saison 2022/23 gerade mal vier Jugendteams gemeldet waren, ist es in der darauffolgenden Spielzeit zumindest ein Team mehr. Die Jugendarbeit ist die Achillesferse des Vereins. Zu wenig etablierte Strukturen und daher zu wenig Zulauf zeigen ein deutliches Nachwuchsproblem auf. Obwohl der Verein für die Saison 2023/24 die

Beantragung für die Lizenz zur Regionalliga vorhatte, ist der mangelnde Nachwuchs eine Leerstelle in den Grundfesten von Makkabi.

Die jungen Spieler sind es auch, die sich mit immer wieder auftreten Antisemitismus auf den Spielfeldern der Stadt auseinandersetzen müssen. In einem Interview des Podcasts Sport Inside berichtet der Journalist Matthias Wolf von einer „Mauer des Schweigens", die ihm vom Verein zu dem Thema entgegenschlug. Als Begründung wurde später erklärt, dass der Verein nicht noch öfter mit Antisemitismus in Verbindung gebracht werden soll, damit Eltern nicht noch mehr Angst haben, ihre Kinder zum Fußballtraining von Makkabi zu schicken. Im Gegensatz zu den Erwachsenen in den oberen Ligen erleben die Spieler der Jugendmannschaften stereotypische Verunglimpfungen, verbale Beleidigungen und viel zu häufig auch tätliche Angriffe. Dabei ist es den Gegnern egal, dass der größte Teil der Mannschaften Nichtjuden sind. Der Name des Vereins ist es, der Spieler und Zuschauende der gegnerischen Vereine triggert. Als Grund für die Anfeindungen muss am Ende meist die Politik Israels herhalten, die nicht selten mit Verschwörungstheorien und Stereotypen unterfüttert wird. Je nach politischer Lage im Nahostkonflikt erhöhen sich auch die Feindseligkeiten gegenüber dem jüdischen Verein, der dann als Stellvertreter für die Politik eines ganzen Landes herhalten muss. Es kommt vor, dass ein Spielantritt dann nur unter Polizeischutz möglich ist.

Fußball beim Internationalen Sportfest des Bar Kochba Hakoah Berlin 1937

Sieg im Landespokalfinale Berlin 2023 und Einzug in den DFB-Pokal

2021 gab der Makkabi-Dachverband eine Studie zur Erforschung von Antisemitismuserfahrung jüdischer Sportvereine in Deutschland in Auftrag. Dabei wurden Mitglieder aller sportlichen Abteilungen zu ihren Erfahrungen als offen sichtbares Makkabi-Mitglied außerhalb und während des Spielbetriebs befragt.

Dabei wurde deutlich, dass Angehörige der Fußballabteilungen ein achtzehnmal höheres Risiko haben Opfer von Antisemitismus zu werden als die anderer Sparten. Spieler berichteten, dass sich im Makkabi-Trainingsdress mit dem sichtbar abgebildeten Davidstern nicht in Geschäften bedient wurden oder nur mit verdecktem Vereinssymbol die öffentlichen Verkehrsmittel nutzen würden. Nach eigenen Angaben wurden bereits 68 Prozent aller Makkabi-Fußballspieler mindestens einmal antisemitisch angefeindet.

Das deutschlandweit bekannteste Beispiel sind die Geschehnisse vom November 2022. Am Rande eines A-Jugendspiels zwischen dem CFC Hertha 06 und TuS Makkabi Berlin war es zu schweren antisemitischen Vorfällen gekommen, nachdem ein Zuschauer sich mit der israelischen Flagge und der siegreichen Mannschaft von Makkabi auf dem Spielfeld fotografieren lassen wollte. Zwei Jugendspieler von Hertha 06 wurden daraufhin für zwei Jahre gesperrt. Gegen beide Spieler wurde neben Meldungen beim Sportgericht des Berliner Fußballverbands auch strafrechtlich vorgegangen. Die Tatvorwürfe reichen dabei über mögliche Volksverhetzung bis hin zum Verwenden von verfassungswidriger Symbolik. Ein Vorfall, den das Rechercheteam des WDR-Magazins Sport Inside dazu veranlasste, eine Dokumentation mit dem Titel „Judenhass auf deutschen Sportplätzen" zu senden. Nach dieser Berichterstattung wurde auch der Trainer von Hertha 06 wegen antisemitischer Äußerungen in der Sendung per Sportgerichtsverfahren zu zwei Jahren Ämtersperre und 1.000 Euro Geldstrafe verurteilt. Makkabi Berlin sieht sich selbst als Brückenbauer. Genau dies macht ihre Verbundenheit untereinander aus und wird immer wieder genannt, wenn man mit aktiven Vertretern des Vereins spricht. Die menschliche und persönliche Entwicklung jedes Einzelnen steht neben dem sportlichen Aspekt ausdrücklich im Fokus.

Multiethnische Vereine mit Mitgliedern verschiedenster religiöser Bekenntnisse sind in Deutschland nichts Ungewöhnliches. Alleinstellungsmerkmal von Makkabi Berlin ist der jedoch Zugang zur jüdischen Kultur für alle Mitglieder. Zwar sind alle Vereine, die sich unter dem Dach von Makkabi Deutschland befinden überkonfessionell, doch sie leben ihre jüdische Identität. Mannschaftskapitän Doron Bruck spricht von einer jüdischen DNA des Vereins und dem Auftrag angesichts der eigenen Historie immer wieder auf gesellschaftliche Missstände aufmerksam zu machen. Im Verein werden die hohen jüdischen Feiertage eingehalten. Spieler, die nicht jüdisch sind, haben an Tagen wie Jom Kippur oder Rosch-Ha-Schana ebenso frei wie ihre jüdischen Kollegen. Das Besondere daran: Neben der freien Zeit lernen sie darüber hinaus auch das Judentum kennen. Warum haben wir eigentlich trainingsfrei? Warum ist das für meine jüdischen Mitspieler so wichtig? Ganz nebenbei bekommen so Menschen in ihrer Freizeit und bei ihrem Hobby einen Zugang zur jüdischen Kultur, der ihnen sonst verschlossen wäre. Auf den Fußballplätzen bekennt sich der Verein dazu, den Fußball als aktive Strategie gegen antisemitische Anfeindungen zu nutzen. Über Sichtbarkeit ist es möglich, da sind sich alle Vertreter Makkabis einig, Respekt zu erspielen und gesellschaftliche Akzeptanz zu erreichen. Die Spieler verstehen sich als Botschafter der Demokratie. Vor jedem Spiel rufen auch sie im Kreis: „Makkabi Chai!" Makkabi lebt.

1. FC Union Berlin

von Stefanie Fiebrig

Wir kamen aus der Hölle

Wer den 1. FC Union Berlin verstehen will, kommt an einem Thema nicht vorbei: Veränderung. Sehr viel davon, und in sehr kurzer Zeit. Besonders sichtbar ist sie, was die Spielklasse betrifft – Union ist ein ehemaliger DDR-Verein, der seit 2019 in der Bundesliga spielt und 2023/24 erstmals in der UEFA Champions League angetreten ist. Das ist außergewöhnlich. Union ist gewachsen und wächst noch. Im Oktober 2023 ist der Verein mit 62.722 Mitgliedern der zu diesem Zeitpunkt größte Berliner Sportverein. Die Heimspielstätte, das Stadion An der Alten Försterei, ist immer noch die Alte Försterei und sieht doch ganz anders aus – und sie wird in ein paar Jahren noch einmal anders aussehen. Trotzdem gibt es Dinge, die bleiben. Die unveräußerlich sind. Die Union ausmachen. Denen ist dieser Text gewidmet.

Jeder Fußballverein erlebt seine Einbrüche, seine wirklich finstersten Zeiten. Wer den 1. FC Union Berlin heute sieht oder erst in den letzten zehn Jahren dazu gekommen ist, kennt wohl den Mythos, aber nicht mehr die gar nicht mal so gute, alte Zeit. Von denen, die schon länger dabei sind, haben hingegen noch ziemlich viele einen schwarzen Schal im Schrank. „Wir kamen aus der Hölle" steht darauf, und das ist wahr bis auf den letzten Buchstaben.

Christian Arbeit, heute Stadionsprecher und Geschäftsführer Kommunikation des 1. FC Union Berlin, geht seit 1986 zu Union und hat die 90er Jahre bei Union miterlebt. „Mit-erlitten" wäre vermutlich das passendere Wort. Der Fußball stand vor der Zusammenlegung der Ligen aus Osten und Westen. Nur zwei Plätze in der Bundesliga und sechs in der Zweiten Liga standen nach der Wende für frühere DDR-Vereine zur Verfügung. Union Berlin, im Jahr 1988/89 noch als Oberligist in der höchsten Spielklasse des Landes angesiedelt, rutschte 1989/90 in die zweitklassige DDR-Liga ab und verbrachte die Saison 1990/91 in der NOFV-Oberliga. Als Staffelsieger und Meister der Staffel A war Union berechtigt, in der Aufstiegsrunde um einen Platz in der 2. Bundesliga zu spielen. Das misslang, also war Union nicht mit dabei und wurde anschließend in die Oberliga Nordost eingegliedert.

Dieser Abstieg in die Drittklassigkeit war aber nicht einmal das Schlimmste daran, sagt Christian. Es war seltsam, dreimal in der Saison ins Mommsenstadion zu fahren, gegen Tennis Borussia, SC Gatow und NSC Marathon zu spielen, die alle dort ihre Heimspiele austrugen. „Denn in der eigenen Wahrnehmung war man selbst immer noch ein größerer Verein." Es war noch seltsamer, mit 200 Unionern an der Osloer Straße aus der U-Bahn zu steigen, „Ost-, Ost-, Ostberlin!" zu rufen und die verschreckten Wochenendeinkäufer Westberlins zu bestaunen. Mit alledem hätte man vielleicht leben können – aber nicht mit der tristen Atmosphäre bei den Heimspielen in der Alten Försterei. „Es war wirklich bedrückend, wie wenig Leute in den ersten Jahren nach der Wende ins Stadion gekommen sind." Bei den Heimspielen standen nun ein paar Hundert Leute, wo früher mehrere Tausend waren. Ein ganzes Land war ins Wanken gekommen und musste sich neu ordnen. Es gab drängende, existentielle Fragen. Das ging auch an dem damals 15-jährigen Christian nicht spurlos vorbei. „Es kommt mir so vor, als wären wir sehr alte Fünfzehnjährige gewesen. Vielleicht waren in der Zeit alle Menschen ein bisschen älter als sie eigentlich waren."

Union scheiterte in der Saison 1991 und 1992 an der Relegation, qualifizierte sich 1993 zwar sportlich, stieg aber dennoch nicht in die Zweite Liga auf, weil eine gefälschte Bankbürgschaft nun einmal nicht die Lizenzbedingungen des DFB erfüllt. An der wirtschaftlichen Situation hatte sich auch 1994 nichts verbessert. Der Verein galt als unaufsteigbar und musste neben Trainer Frank Pagelsdorf auch seine besten Spieler wie Martin Pieckenhagen, Marko Rehmer, Sergej Barbarez ziehen lassen.

All die Nicht-Aufstiege der nächsten Jahre, die nicht erteilten Lizenzen, all die gescheiterten Relegationsspiele sind bis heute ein kollektives Trauma. Da war der Moment des sportlichen Aufstiegs, der dann keiner war. „Gegen Bischofswerda, im Frühsommer, Juni

Eintracht Frankfurt zu Gast an der Alten Försterei im DFB-Pokal, August 2007

1993, Tor Jens Henschel, 1:0, und hinterher Party auf dem KWO-Parkplatz." Christian lebte zu der Zeit in London, hatte sich den Flug zusammengespart, um das Spiel sehen zu können. Es war die Zeit vor easyjet, vor Internet, vor Mobiltelefonen. Mit einer Reisetasche voller Berliner Pilsner fliegt er nach London zurück, stößt mit seinem Mitbewohner auf den Aufstieg an, um Tage später an der Victoria Station in der deutschsprachigen Presse zu lesen: Union bekommt die Lizenz nicht. „Ich war weit weg, aber so macht das alles keinen Spaß." Und das blieb so: Union machte nicht nur keinen Spaß, sondern direkt schlechte Laune.

Union erlebt ein schwarzes Jahrzehnt und steht kurz vor dem Konkurs, den 1998 Michael Kölmel mit seinem Unternehmen Sportwelt Kinowelt knapp abwenden kann. Unvergessen das Scheitern in der Relegation gegen Osnabrück im Jahr 2000 im Elfmeterschießen. Osnabrück, sagt Christian, war episch. Niemand, der dabei war, beschreibt es anders. Eine ganze Generation von Union-Fans hat dort Demut gelernt, und dass nichts Gutes jemals selbstverständlich ist. Die Forderung „Relegation abschaffen" begleitet uns seitdem.

Nach der verlorenen Relegation spielte Union in einer Aufstiegsrunde um den verbliebenen Aufstiegsplatz. „Ahlen bei gefühlt 48 Grad, wir gehen in Führung und ich war mir völlig sicher, wir werden das verlieren. Das war aus der Hölle kommen." Christian behielt Recht, das Spiel ging 1:2 verloren. „Das waren für mich die richtig krassen Sachen, Momente, an die ich mich erinnere. Bis es dann aber mal hell wurde, das hat noch ganz schön lange gedauert." Ein Jahr später schaffte Union den Aufstieg in die Zweite Liga, und aus dieser Zeit stammt auch der Schal „Wir kamen aus der Hölle". Der Verein war endlich sportlich erfolgreich, erreichte das DFB-Pokalfinale 2001 und durfte im Europapokal antreten. Nur leider blieb es nicht lange so, „es kamen ja auch noch die anderen fürchterlichen Dinge." Die anderen fürchterlichen Dinge waren ein weiterer drohender Lizenzentzug wegen fehlender Liquidität, der letztlich durch Spenden, unter anderem im Rahmen der Kampagne „Bluten für Union", abgewendet werden konnte, sowie zwei Abstiege nacheinander. Damit stand Union 2005 schon wieder an einem Vorort der Hölle. Und als wäre das alles nicht genug, musste der Verein 2008 zwangsweise in den verhassten Jahn-Sportpark ausweichen, weil die Alte Försterei nicht einmal mehr ausnahmsweise bespielbar war.

Aber genau dort wendet sich das Blatt. Dort beginnt ein neues Union-Gefühl. Eines, das immer noch aus einer Gemeinschaft heraus existiert, die zuletzt nicht allzu viel Gutes erlebt hat, aber ziemlich selbstbewusst auch weiß, wo sie hingehört. Nämlich nicht nach Eberswalde oder Falkensee-Finkenkrug. Die den Wendeknick endlich verwunden hat. Die trotz der Erfahrungen der letzten Jahre – oder gerade deshalb – voll ins Risiko geht und dabei endlich einmal gewinnt.

Wunderschöne, immergrüne Alte Försterei

Zu einem großen Teil verdankt sie das dem Unternehmergeist von Dirk Zingler, der seit 2004 Präsident des 1. FC Union Berlin ist. Während Trainer und Mannschaft im Jahn-Sportpark im Prenzlauer Berg an der ersten Drittligameisterschaft und dem erneuten Aufstieg in die Zweite Liga arbeiten, bauen Dirk Zingler und Dirk Thieme in Köpenick an der neuen Alten Försterei. Wie sehr Union dabei alles an Geld, Zeit und Kraft vorhandene auf eine Karte gesetzt hat, und wie

Die neue Haupttribüne nach dem Umbau an der Alten Försterei

dringend diese Meisterschaft gewonnen werden muss, ist zu der Zeit nur wenigen Menschen klar. Dieses Wissen ist eine Bürde, die Dirk Zingler nicht mit vielen teilt.

Von heute aus betrachtet war es dennoch die einzige Möglichkeit, davon ist Christian überzeugt und nennt als Beispiel den FC Viktoria 1889 Berlin, der seine Heimspiele im Jahnsportpark austragen muss und 2022 dort für ein Testspiel auf Union traf. „Dort begegnet einem die Situation, in der man wäre, wenn nicht vor 18 Jahren der damals neue Präsident Dirk Zingler erkannt hätte, dass eine Zukunft für Union nur aus dem Stadion An der Alten Försterei erwachsen kann – und alles daran gesetzt hat." Die Stadt Berlin ist schlicht nicht besonders gut darin, Sportstätten zu entwickeln oder auch nur zu erhalten. „Es gibt überhaupt keine Chance für eine Nummer Drei in Berlin, weil es nichts gibt, wo das stattfinden kann. Wenn wir es nicht geschafft hätten, würden hier jetzt vielleicht teure Wohnungen stehen. Es wäre auch dann nicht besser gewesen, wenn die Alte Försterei noch ein kommunales Stadion wäre, das wir uns mit Altglienicke und Viktoria teilen müssten." Also baut Union und verbraucht dabei alle Reserven. Die neuen Stehtribünen, Rasenheizung und Überdachung werden in der Sommerpause 2009 eingeweiht. Der „Auswärtsaufsteiger" Union Berlin kehrt als Zweitligist nach Hause zurück und verbleibt dort bis 2019 in überwiegend ruhigen Gewässern. 2013 ist auch die neue Haupttribüne fertig, zu einem Teil durch Stadionaktien finanziert. 22.012 Zuschauer fasst die Alte Försterei seitdem.

Christian war während der gesamten Bauzeit dabei, und zu jeder Zeit gab es Dinge, die unvorstellbar schienen. „Irgendwann soll hier also ein Dach drüber sein, ja? Komisch." Es ging bis dahin auch sehr gut ohne Dach. Dann standen die roten Träger da. „Das sieht eigentlich super aus. Könnte man das nicht so lassen? Der blaue Himmel reicht mir." Schließlich wurde die Tribüne abgerissen, die mittlerweile niedriger war als der gesamte Rest des Stadions. „Ich konnte mir nicht vorstellen, dass da mal ein richtiges Haus steht. Und dann konnte man plötzlich mit dem Fahrstuhl darin hochfahren." 2022 erlebt das Stadion erstmals seine ersten Europa-League-Spiele. Ajax Amsterdam unterliegt in Köpenick.

Die Alte Försterei wird sich aber auch noch ein weiteres Mal grundlegend verändern, neue Baupläne gibt es längst. Das Zuschauerinteresse und die Mitgliederzahlen sind in den letzten Jahren explodiert. Hertha und Union haben beide die 40.000er Marke überschritten, was ihre Mitglieder angeht. Mal ist der eine, mal der andere Verein eine Nasenlänge voraus. Etwas angemessen Großes wäre in einem Brandenburger Gewerbegebiet womöglich einfacher zu bauen. Aber das ist selbstverständlich keine Option. „Es muss Köpenick bleiben, exakt dieser Fleck Erde hier."

Und so wird Union hier die nächsten Schritte gehen. „Erwachsenwerden" nennt es Dirk Zingler manchmal. „Damit müssen wir sehr liebevoll umgehen. Im landläufigen Sinne ist ‚erwachsen' nicht das, was die Leute hier sein wollen. Das klingt nicht nach wild und lustig." Erwachsenwerden meint vor allem, das zu akzeptieren, was Union selbst nicht beeinflussen kann. Die Entscheidung für Köpenick bedeutet, dass die Alte Försterei ein absolutes Zuschauerlimit von 37.700 haben wird. Sie bedeutet auch, sich von lieb gewordenen Gewohnheiten zu verabschieden, weil Köpenick selbst nicht stillsteht. Im Bezirk wird seit Jahren gebaut, auch ohne Union. Köpenick wie auch der Rest der Stadt platzt aus allen Nähten. „Diese Gegend wird sich verändern. So verändern, dass wir uns von dem Gedanken lösen müssen, dass wir es sind, die die Idylle zerstören. Der Weg durch den Zauberwald wird asphaltiert. Wie in dem 80er-Jahre Lied ‚Karl der Käfer'. Das ist nicht anders lösbar, weil Köpenick sonst verrückt wird." Auch das wird ein harter Abschied, vermutet Christian. „Es wird Wehmut und Bedauern geben." Gleichzeitig gibt es unter den Unionfans ein großes Vertrauen in das Geschick des Stadionarchitekten Dirk Thieme. „Es wird ein riesiges Gebäude, alles wird noch einmal höher. Aber 37.700 ist trotzdem kein Monstertempel, in dem wir uns nicht mehr wiederfinden." Dennoch: Es wird anders sein. Schon wieder.

Die Zeit ist nun gekommen – Union in der Bundesliga

Heute lenken die Menschen den Verein, die damals aus der Hölle kamen. Völlig zu Recht wird dabei Dirk Zingler immer zuerst genannt. Als ein Glücksfall für Union erweist sich, dass der schon vorher ein junger Unternehmer war und recht schnell erkennt, dass er auch im Fußball unternehmerisch handeln muss. „Diese anderen Zeiten erlebt zu haben, führt vor allem zu einer gedanklichen Haltung, nämlich nichts einfach so passieren zu lassen, sondern die Dinge bewusst zu gestalten und zu entscheiden." Es gilt, Szenarien zu entwerfen: Was bedeutet ein Aufstieg? Was brauchen wir, um in der Bundesliga bestehen zu können? Man darf, sagt Christian, nicht auf Zufälle hoffen. „Wenn ich in Vertragsverhandlungen als Bundesligist behandelt werden will, muss ich zuerst beweisen, dass ich einer bin." Letztlich ist es das, was Union seit der Präsidentschaft von Dirk Zingler auszeichnet: Mut und Gestaltungswille. Es ist dieselbe Haltung, mit der Aufstieg und Umbau 2008 bewältigt wurden. Niemals darauf hoffen, dass es nicht wieder so schlimm wird. Aufmerksam bleiben. Im Zweifel: Selbermachen. Das ist Union Berlin in seinem innersten Kern. Der Rahmen ist größer, das Bild unverändert.

Noch etwas ist geblieben, es ist nur weniger offensichtlich. Über lange Zeit von Fans ehrenamtlich übernommen, häufig aus der Not entwickelt, haben sich Strukturen und Veranstaltungen gefestigt, die inzwischen professionalisiert sind. Das Weihnachtssingen, die Fan- und Mitgliederabteilung, alles, was Merchandise ist. Trotzdem trägt Union auch hier die Handschrift derer, die den Verein seit Jahrzehnten begleiten. „Viele von den Fans arbeiten inzwischen hier." Sie alle

Aufstieg in die 1. Bundesliga nach der Relegation gegen den VfB Stuttgart, Mai 2019

tragen mit dazu bei, dass Fan-Ideen und Ansprüche in ihrem jeweiligen Bereich professionell umgesetzt werden.

Weil das Selbermacher-Gen aber doch ein hartnäckiges ist, entstehen daneben noch immer Fan-Initiativen. Da gibt es etwa den Ü55-Chor der Union-Oldies, die Union-Lieder aufnehmen und zur Bolzplatzeinweihung singen oder sich nach den Heimspielen eine grüne Warnweste anziehen und den Waldweg aufräumen. Auch die Vielzahl an Union-Podcasts ist Ausdruck dessen, dass sich doch noch eine Nische zur Selbstverwirklichung findet. Die Fankultur einer jüngeren Generation sind die Graffiti im und um das Stadion. Dass es eine Sponsorengala gibt, bei der Sprayer aus der Ultraszene einen Workshop mit Stencils für die Sponsoren anleiten, passiert vermutlich in sehr wenigen Fußballstadien. „Die Box daneben mit der Choreo-Spende war auch voll. Man muss es einfach nur machen."

Natürlich findet auch Anschluss, wer nicht aus der Hölle gekommen ist, nie auf einem Abstiegsplatz stand. „In guten wie in schlechten Zeiten – das ist inzwischen eine Legende, die in 15 Jahren nicht bewiesen werden musste. Es sind seitdem viele Leute dazu gekommen. Wer schon länger dabei ist, weiß: Die Gelegenheit, das unter

Beweis zu stellen, wird möglicherweise kommen. Dann haben wir alle zusammen nochmal eine Aufgabe."

Stars und Legenden

Es gab auch beim 1. FC Union zu allen Zeiten bekannte und sehr bekannte Spieler. Christian nennt zuerst Olaf Seier, ohne dass er überhaupt über die Frage nachdenken muss. Durch die Begrenzungen der DDR und den zeitweiligen Niedergang des Fußballs im Osten sind die meisten von ihnen aber lokale Helden geblieben. Die Stars an der Alten Försterei waren gewissermaßen selbstgemacht: Karim Benyamina und Torsten „Tusche" Mattuschka gehören zu uns; sie stehen nicht in unerreichbarer Höhe auf einem Sockel.

Es war jedoch ein Phänomen der Bundesliga, dass es plötzlich auf einer viel breiteren Ebene interessant wurde, wer für Union Berlin antritt. Neven Subotić und Christian Gentner waren die ersten, denen diese andere Art der Aufmerksamkeit zuteil wurde, weil sie bereits namhafte, gestandene Bundesligisten waren – im Gegensatz zu Union. Sie waren ganz einfach größer als der Rest. Das ist keineswegs ein Vorwurf, das war ihre Aufgabe: Eine Brücke in die Bundesliga zu bauen. „Sehr schnell war zu erleben: Solche Leute kommen, aber Christopher Trimmel und Marvin Friedrich bleiben unsere Stars. Auch Christian Gentner hat mal auf der Bank gesessen. Das ist nur

Denkmal für die FDGB-Pokalsieger von 1968:
zum 50-jährigen Jubiläum auf dem Stadionvorplatz errichtet

die Bundesliga, fürchtet euch nicht, die beißen euch nicht tot. Das war die Botschaft." Es folgten mit Robin Knoche und Max Kruse zwei weitere fußballerische Ausnahmeerscheinungen, und mit Taiwo Awoniyi sicherlich einer der größten Coups der jüngeren Vereinsgeschichte. Während jede Lebensäußerung von Max Kruse sofort deutschlandweit medienrelevant wurde, weil er eben Max Kruse ist, wurden in der Alten Försterei vor allem deshalb bittere Tränen vergossen, weil Marvin Friedrich zu Borussia Mönchengladbach ging. Stars sind sie ohne Frage alle beide. Es ist ganz fantastisch, Robin Gosens, Leonardo Bonucci und Kevin Volland in den eigenen Reihen zu wissen. Aber gleichzeitig ist die Geschichte von Kevin Behrens ein so perfektes Spiegelbild der Geschichte von Union, dass man um den Trikotflock eigentlich nicht herum kommt.

Neue Freunde und alte Feinde

In der Saison 2022/23 spielte der 1. FC Union Berlin die vierte Bundesligasaison und das zweite Mal in Folge europäisch. Und doch sagt Christian „Zwischen Platz 5 und 15 können wir uns alles vorstellen. Wir können immer an die Grenze stoßen, dass eine Zusammenstellung nicht so funktioniert wie in den letzten Jahren. Fangen wir mal an und sehen, wie schnell wir 40 Punkte haben, und hoffen wir, dass das nicht erst am 32. Spieltag ist." Mit diesem Selbstverständnis bewegt sich Union in der Bundesliga. Während anfangs alle außer Stuttgart gönnerhaft-gute Worte für uns hatten, gilt Union inzwischen als ernstzunehmende Konkurrenz. „Früher fand ich die mal sympathisch", dürfte mit Blick auf Union die am häufigsten verwendete Einleitung einer anschließenden Beleidigung sein. Im professionellen Bereich hat sich Union eine starke Position erarbeitet. „Dazu gehört, dass die Freundlichkeit uns gegenüber nachlässt." Union kann die eigenen Konditionen durchsetzen und gilt nicht als bequemer Verhandlungspartner.

Etwas komplizierter ist das Verhältnis der Unioner zu anderen Fanszenen. Ein Relikt aus der Vergangenheit ist das ungesunde Verhältnis zum BFC Dynamo, der heute eigentlich zu klein ist, um noch als Feind noch zu taugen. Die häufigste Verwechslung ist „das St. Pauli des Ostens", denn auch das ist Union ganz sicher nicht.

St. Pauli hat uns einmal sehr geholfen, als es Union wirklich schlecht ging. Inzwischen treten Unterschiede zwischen beiden Clubs deutlicher zutage: „Bei uns", sagt Dirk Zingler „spielt das, was uns trennt, für 90 Minuten keine Rolle." Christian beschreibt das so: „Es ist ein bemerkenswerter, wertvoller sozialer Raum, den wir im Stadion haben. Hier stehen auch Leute zusammen, die sich sonst keine drei Minuten ertragen würden." Und so gibt es eigentlich nicht die eine Szene, die wir uns auf einem Doppelschal vorstellen können. Es gibt Union. Und das reicht ja auch.

Die Hymne: Osten und Westen, unser Berlin

> »Wir aus dem Osten gehen immer nach vorn / Schulter an Schulter für Eisern Union / Hart sind die Zeit und hart ist das Team / Darum siegen wir mit Eisern Union (…)
>
> Den Sieg vor den Augen – den Blick weit nach vorn! / Ziehen wir gemeinsam durch die Nation / Osten und Westen – unser Berlin / Gemeinsam für Eisern Union!«

(Aus: Nina Hagen – Eisern Union)

In der Saison 2021/22 fand sich Union überraschend in der Situation, erstmals für die Europa Conference League qualifiziert zu sein. Leider nicht für diesen Wettbewerb qualifiziert war das heimische Stadion An der Alten Försterei. Es gab wiederum exakt eine Lösung, nämlich das Ausweichen ins Berliner Olympiastadion. Das gehört formaljuristisch nicht Hertha BSC, aber natürlich ist es Herthas Stadion, weshalb selbstverständlich die Ostkurve frei blieb. Und so trat Union die Reise in den Westen an, denn als das wurde es wahrgenommen. Sehr wenig „unser Berlin", dafür aber ein klares „wir aus dem Osten" – so lauten die bekanntesten Zeilen der Stadionhymne, die Nina Hagen 1998 für Union eingesungen hat. Das Olympiastadion erstrahlte ganz in Rot, selbst die blaue Tartanbahn wurde überdeckt. „Wie eine Ferienwohnung", beschreibt es Christian, „aber wir können schon mal ein Bild an die Wand hängen, oder?" Für Union hieß es, sich für den Moment einzurichten. „Wir machen das für uns, nicht gegen die anderen. Wir machen uns das so schön wie möglich."

Das Bewusstsein für Osten und Westen hat sich bis heute nicht aufgelöst. Es ist nach wie vor Teil der Herkunft, stiftet Identität und wird erstaunlicherweise auch von der jüngeren Generation übernommen. Das mag auch daher rühren, dass bis heute der Fußball im Osten gedanklich keine Rolle spielt, wenn über deutsche Fußballgeschichte erzählt wird. Solange die eine Hälfte des Landes an Bayern München, die andere an Dynamo Dresden denkt, wenn nach den national und international erfolgreichsten deutschen Klubs gefragt wird, bleibt das wohl auch so. Diese zeitlich parallele Entwicklung wurde nie als sportlich gleichwertig betrachtet, und sie wird es bis heute nicht. Deshalb trifft Unions Hymne bis heute einen Nerv, obwohl sich gerade in Berlin vieles mischt und es im Alltag gar nicht wichtig ist, aus welchem Teil der Stadt jemand kommt. Es fühlt sich nicht korrekt an, dass Tennis Borussia bedeutender sein soll als Erzgebirge Aue, Kiel größer als Rostock und Essen bekannter als Magdeburg. Solange das nicht behoben ist, bleibt da so etwas wie ein ganz kleiner Kieselstein im Schuh, kaum zu sehen, der aber immer ein bisschen nervt.

Bevor klar war, dass Union in der Saison 2022/23 internationale Spiele im Rahmen eines Modellprojektes doch in der Alten Försterei austragen darf, wurde natürlich schon überlegt, wie sich Union im Olympiastadion präsentieren könnte. „Stell dir mal vor – die Oberringbande im Olympiastadion»Osten und Westen, unser Berlin – gemeinsam für Eisern Union!« Das hätte mir für diesen Anlass gut gefallen". Wir wollten ja, dass Leute kommen und kucken: Was machen die denn da?" 2023/24, als Union erneut ins Olympiastadion zieht, um dort die Spiele der Champions League auszutragen, steht dort genau diese Textzeile. Das»Ganz nach vorn« brauchen wir dabei nicht unbedingt, findet Christian. „Vorn ist ja für uns vor allem da, wo wir sind. Weil es sich nicht zwingend nach dem Tabellenplatz richtet, sondern weil es uns hier im Stadion Spaß machen muss."

Hoffentlich brauchen wir „Osten und Westen" in unseren Liedern irgendwann nicht mehr. Denn die meiste Zeit sind wir – egal ob Unioner oder Herthaner – sowieso vor allem Berliner. Und genau wie

Berlin ist Union etwas sehr Widersprüchliches, vielleicht Unfertiges, aber extrem Lebendiges.

Auftakt in der Champions League bei Real Madrid im Estadio Santiago Bernabéu, September 2023

Füchse Berlin Reinickendorf

von Dominik Schmidt

Handball ja, aber Fußball?!

Wenn dieser Tage der Name „Füchse Berlin" fällt, denken beinahe die meisten – in jedem Fall jene ohne größeren Fußballbezug – an die Handballer, die seit Jahren in Deutschlands Handballspitze mitwirken und auch auf internationalem Parkett keine schlechte Figur abgeben. Die Handballabteilung ist nur eine von vielen Abteilungen im Gesamtverein (die Handballer lösten sich bereits 2005 aus dem Gesamtverein heraus), aber natürlich die medienwirksamste und bekannteste zugleich. So kommt es dann auch schon vor, dass man selbst, mit Füchse-Vereinskleidung geschmückt, auf das letzte Ergebnis gegen MT Melsungen, den letzten Europacup-Auftritt oder nach dem Wohlergehen bzw. dem Status der verletzten Spieler angesprochen wird. Der Verweis, man sei von der Fußballabteilung, wird dann oft mit irritierten oder fragenden Blicken quittiert, teilweise mit der Aussage, dass man gar nicht wüsste, dass die Füchse auch Fußball spielen. Sicher, die Reinickendorfer Füchse, so der Name bis 2012, waren in Sachen Fußball nie ein Verein mit deutschlandweit hohem Bekanntheitsgrad, doch ist der Verein der größte im Norden Berlins, noch dazu mit damals wie heute qualitativ guter Nachwuchsausbildung. Spieler wie Thomas Häßler, Ashkan Dejagah, Kevin-Prince Boateng, Francis Banecki – sie alle spielten einst in der Jugend der Grün-Weißen. Hasan Vural (später mit Hertha BSC in die Bundesliga aufgestiegen), „Zecke" Neuendorf (ebenso) oder Peter Wynhoff (240 Bundesliga-Spiele für Borussia Mönchengladbach) kickten für die erste Herrenmannschaft in den späten 1980er Jahren bzw. Mitte der 1990er Jahre.

Unter jenen, die dem Fußball frönen und entweder ein paar Jahre älter sind oder sich etwas tiefergehend mit der Materie des Fußballs vor allem in den 1980er und 1990er Jahren beschäftigen, sind die Füchse hingegen ein Begriff. So sind dem geneigten Regionalliga-

Wappen der Reinickendorfer Füchse bis 2012

Gänger in den 1990er Jahren auch die Spiele der Reinickendorfer Füchse gegen regionale Größen wie Dynamo Dresden, Rot-Weiß Erfurt, 1. FC Magdeburg oder 1. FC Union Berlin geläufig. Was fast unglaublich klingt, liefen die Grün-Weißen im alten Rudolf-Harbig-Stadion in Dresden, im ehemaligen Ernst-Grube-Stadion in Magdeburg oder im alten Erzgebirgestadion zu Aue auf. Zwischen 1994 und 1998 hielten die Füchse die damals dritthöchste bundesdeutsche Spielklasse. Fragt man heute beispielsweise den einen oder anderen schwarz-gelben Dresdner Fußballfan, hört man auch Anekdoten, wie man zu damaliger Zeit an den Freiheitsweg tingeln musste (oder wahlweise etwas weiter nördlich nach Velten). Auch nach dem Abstieg aus eben jener Regionalliga und dem Verweilen in der NOFV-Oberliga Nord konnte man gelegentlich Ausrufezeichen setzen. So durfte man 2003 in der 1. Hauptrunde des DFB-Pokals auf dem heimischen Sportplatz am Freiheitsweg den 1. FC Nürnberg begrüßen. Heute wäre eine solche Begegnung zwar theoretisch denkbar, diese Partie müsste dann aber im Mommsenstadion oder im Jahn-Sportpark ausgetragen werden. Die Pokal-Ausgabe der Saison 2003/04 war im Übrigen nicht der einzige DFB-Pokal-Ausflug. So trafen die Füchse schon 1997 auf den SV Meppen (0:2) und 1979 schied man erst in der zweiten Runde gegen Bayer Uerdingen (0:5) aus, nachdem zuvor der VfB Lübeck geschlagen werden konnte (4:2). Doch der Reihe nach…

Die Anfänge

Der älteste der Vorgängervereine des heutigen Vereins war der 1891 gegründete MTV Reinickendorf, welcher bereits 1893 zu Ehren des Turnwarts Adolf Dorner den Namen TSV Dorner annahm. 1937 erfolgte eine zwangsweise Fusion mit dem Reinickendorfer Hockeyclub und dem FC Halley-Concordia zur TuRa Reinickendorf. Halley-Concordia war zu jener Zeit bereits im Fußball aktiv, spielte gar in der höchsten Berliner Spielklasse (Oberliga Berlin, innerhalb des Verbandes Brandenburgischer Ballspielvereine – VBB) und kickte so unter anderem auch gegen Hertha BSC. 1945 erfolgte im von den Alliierten besetzten Deutschland die Zwangsauflösung aller Vereine. In jenem Jahr durften zunächst lediglich wieder Sportgruppen gebildet werden. TuRa Reinickendorf wurde so zur SG Reinickendorf, Halley-Concordia zur SG Reinickendorf-Ost. 1948 fusionierten TuRa und Halley-Concordia, diesmal ohne Zwang, zum BTSV Reinickendorfer Füchse. Der Name wurde aus dem „Reineke Fuchs", dem Reinickendorfer Wappentier, abgeleitet. In der ersten Nachkriegssaison 1945/46 verpasste die Sportgruppe Reinickendorf-Ost zunächst die Qualifikation zur Berliner Stadtliga; die 1948 gegründeten Reinickendorfer Füchse blieben bis 1958 in den Niederungen des (West-) Berliner Amateurfußballs.

Die Füchse auf der Bildfläche

1958 wurde schließlich die Amateurliga Berlin erreicht, die damals höchste Spielklasse in der geteilten Stadt. Fünf Spielzeiten später gelang durch einen dritten Tabellenplatz die Qualifikation zur neu gebildeten Regionalliga Berlin (die Regionalliga Berlin fungierte in den Jahren 1963 bis 1974 als eine der fünf Regionalligen als zweithöchste Spielklasse in der Bundesrepublik Deutschland). Vorausgegangen waren zwei weitere Qualifikationsspiele gegen den BFC Viktoria 89, welche die Füchse für sich entscheiden konnten. Mit „Nurmi" Häßler wirkte der Vater von „Icke" Häßler in jener Aufstiegsmannschaft mit. Immerhin sechs Jahre lang konnte die Klasse gehalten werden. Bis dato schlossen die Füchse die Spielzeiten meist im unteren Drittel der Tabelle ab. Highlights jener Jahre waren Spiele gegen Bundesliga-Absteiger Hertha BSC. Ein Sieg gegen Hertha gelang nie; im April 1967 war es jedoch knapp, als sich Hertha vor 3.255 Zuschauern an der damaligen „Plumpe" ein 1:0 erkämpfte.

Zur Saison 1974/75 wurden die Regionalligen durch die 2. Bundesliga als zweithöchste Spielklasse ersetzt. In West-Berlin wurde die Oberliga Berlin gebildet und die Regionalliga praktisch in die neu geschaffene Liga überführt. Sie setzte sich aus Mannschaften der vorherigen Regionalliga und der daruntergelegenen Amateurliga zusammen. So waren auch die Reinickendorfer Füchse von Beginn an Bestandteil der Oberliga. Meist nur im Mittelfeld zu finden (eine Ausnahme stellte die Saison 1976/77 mit dem vierten Tabellenplatz dar), erreichten die Füchse 1979 immerhin das Berliner Landespokalfinale (3:5 gegen den BFC Preussen), und qualifizierten sich somit zum ersten Mal für den DFB-Pokal. Gegen Bayer Uerdingen schieden die Füchse vor 2.200 Zuschauern in der Grotenburg aus. 1980/81 wurden die Füchse hinter jenem BFC Preussen Zweiter und mussten sich im Landespokalfinale erneut geschlagen geben. Diesmal war in der ersten DFB-Pokal-Runde gegen den Offenburger FV (0:3) kein Weiterkommen.

Die sportlich goldenen Jahre

Die Reinickendorfer Füchse blieben auch fortan fester Bestandteil der dritthöchsten Spielklasse der Bundesrepublik Deutschland, ehe die politische Wende von 1989 und der Zusammenschluss beider deutschen Staaten auch im Fußball zu einem Umbau der Ligenstruktur führten. Aber vor allem Ende der 1980er Jahre wurde der Verein auch außerhalb der Berliner Stadtgrenzen vom Fußballpublikum wahrgenommen. Die Meisterschaften 1988/89 sowie 1989/90 erlaubten die Teilnahme an der Aufstiegsrunde zur 2. Bundesliga. Illustre Namen wie der MSV Duisburg, Arminia Bielefeld, Preußen Münster oder der 1. SC Göttingen 05 machten Halt in Berlin, wenngleich die Heimspiele bisweilen aufgrund von Platzgründen im Stadion Wittenau oder im Mommsenstadion ausgetragen werden mussten.

In der Spielzeit 1987/88 gelang zunächst Hertha BSC über den Titel und die Aufstiegsrunde der Sprung nach oben, wodurch der Krösus der Liga entschwunden war. Eine Saison darauf, 1988/89, war man gar in den ersten 17 Saisonspielen komplett verlustpunktfrei und musste erst am ersten Spieltag nach der Winterpause Punkte an einen Gegner abtreten. Mit 55:9 Punkten gelang souverän der erste Berliner Meistertitel. Der Aufstieg in den bezahlten Fußball war das angestrebte Ziel, wie es der damalige Manager Gerd Achterberg versicherte. Pikant war die Entlassung von Erfolgstrainer Hans Oertwig (der bis vor kurzem noch aktiv war und den Brandenburger SC Süd 05 in der Brandenburg-Liga betreute) noch vor den Aufstiegsspielen, nachdem von Spannungen zwischen der Mannschaft und dem Trainer berichtet wurde. In der Folge nahm Achterberg, der in vorherigen Jahren schon Trainerämter bekleidete und eigentlich Manager war, selbst auf der Bank Platz. In der folgenden Relegationsrunde verpassten die Füchse den Aufstieg ins Unterhaus jedoch recht deutlich und wurden nur Vierter (von fünf Mannschaften). Auf „heimischen" Rasen gelang nur dem Meidericher Spielverein ein Sieg, auswärts blieben die Füchse jedoch häufig blass. Siege konnten immerhin noch gegen den TSV Havelse, Preußen Münster und Göttingen 05 eingefahren werden. Aus dieser Saison stammt auch der Zuschauerdurchschnittsrekord mit 714 Zuschauern pro Spiel. Für die 2. Bundesliga wurde mit einem Zuschauerschnitt von 1.500 gerechnet und ein Umzug ins Mommsenstadion erwogen, welcher schließlich obsolet wurde.

Einer der bekanntesten Akteure jener Jahre war in der Saison 1988/89 Peter Wynhoff. Wynhoff machte sich vor allem nach seinem Wechsel zu Borussia Mönchengladbach einen Namen, für die er ein ganzes Jahrzehnt in Bundesligaspielen auf Torejagd gehen sollte. Schon in Reinickendorf machte er durch Tore auf sich aufmerksam. Ein weiterer Akteur, wenngleich nur eingefleischten Fans der Berliner Fußballszene bekannt, war Stephan Kuhlow. Er gehört bis heute zu den erfolgreichsten Torjägern im Füchse-Trikot. Nach der ersten Meisterschaft und 43 Saisontoren (einschließlich Landespokal) zog es Kuhlow zunächst zu Hertha BSC, wo er sich jedoch nicht durchsetzen konnte. Es folgten weitere fünf Jahre in Reinickendorf. Über 120 Tore erzielte Kuhlow in gut 180 Füchse-Spielen. Auch Dirk Kunert spielte unter anderem in jenem Jahr am Freiheitsweg. Kunert brachte es in seiner Karriere anschließend immerhin auf 51 Spiele in der 2. Bundesliga. Zuletzt betreute er noch den BFC Dynamo in der Regionalliga Nordost und ist aktuell als Talent-Scout bei Hertha BSC aktiv.

In der Saison 1989/90 konnte der Berliner Meistertitel verteidigt werden, obwohl das Sturmtrio, bestehend aus Wynhoff, Kuhlow und Kunert, auseinandergerissen wurde. Doch erneut war man in der Aufstiegsrunde beinahe chancenlos. Hinter Oldenburg, erneut Havelse, Arminia Bielefeld und dem Wuppertaler SV zierte man das Ende der Gruppe. Lediglich ein Sieg gegen Oldenburg war deutlich zu wenig.

Ein fünfter Tabellenplatz in der letzten Ausgabe der Oberliga Berlin 1990/91 brachte dann die Eingliederung in die Oberliga Nordost mit sich, was zu den allerersten Ligaduellen außerhalb der Berliner Stadtgrenze führte. Am 1. September 1991 trafen die Füchse auf PCK 90 Schwedt und feierten sozusagen die Ligataufe auf brandenburgischem Gebiet. 1993/94 gelang durch einen dritten Tabellenplatz dann die Qualifikation für die neue Regionalliga Nordost. Die Oberliga Nordost fungierte fortan nur noch als vierthöchste (heute fünfthöchste) Spielklasse. Im Premierenjahr wurde sodann mit Platz sechs die beste Platzierung jener Regionalliga-Jahre erreicht. Direkt am ersten Spieltag gelang beim FC Erzgebirge Aue der erste Punktgewinn. Gegen den 1. FC Union Berlin wurden gar vier Punkte eingeheimst. Am letzten Spieltag wurden die „Eisernen" an der Alten Försterei mit 2:0 bezwungen; beim Gegner an der Seitenlinie Hans Meyer, auf dem Platz unter anderem Sergej Barbarez. Auch der spätere Bundesligist Energie Cottbus konnte auswärts geschlagen werden.

Im zweiten von insgesamt vier Regionalligajahren wurde nochmals ein respektabler neunter Tabellenplatz erreicht, jedoch war am Ende jener Saison schon klar, dass der finanzielle Gürtel etwas enger geschnallt werden musste. 1996/97 auf Rang 14 einlaufend, immerhin noch mit gehörigem Abstand zu den Abstiegsplätzen, war 1997/98 schließlich Schluss mit Drittligafußball in Reinickendorf. Zwar gelangen noch einmal einzelne Achtungserfolge wie das 2:2 im Heimspiel gegen Dynamo Dresden (später als Zweiter einlaufend) oder ein selbiges Ergebnis beim Aufsteiger vom 1. FC Magdeburg, jedoch war die Regionalliga sportlich wie vor allem auch finanziell nicht mehr zu stemmen.

Oberliga und schleichender Niedergang

Beginnend in der Regionalliga Nordost mit anfänglich durchschnittlich knapp über 700 Zuschauern, sackte der Zuspruch am Ende jener Jahre auf 328 ab, im ersten Oberliga-Jahr nach dem Abstieg kamen im Schnitt nur noch 83 Zuschauer an den Freiheitsweg. Mit dem Oberliga-Aufenthalt bis zunächst 2005 und sportlich akzeptablen Platzierungen im meist stabilen einstelligen Tabellenbereich pilgerten immerhin auch wieder deutlich über 100 Zuschauer zu den Heimspielen, wenngleich ein ähnlicher Zuspruch wie zuvor in den goldenen Jahren nie wieder nur ansatzweise erreicht wurde.

In der Saison 2010/11 mussten die Füchse dann auch in der Oberliga die Segel streichen. Das Ganze passierte jedoch nicht aus heiterem Himmel. Die Finanzierung der fünften Spielklasse wurde mehr und mehr zum Drahtseilakt. Zudem war der Verein vorrangig von einigen wenigen, aber zahlungskräftigen, Geldgebern abhängig. Als sich diese verabschiedeten, begann das ohnehin fragile Gerüst zu wackeln. Der Gipfel des schleichenden Niedergangs war zur Winterpause der Saison 2010/11 erreicht, als der Geldbeutel faktisch leer war. In dieser Zeit begann auch die Amtszeit des bis heute amtierenden Vorstandsvorsitzenden Pierre Schönknecht, der zugleich als Jugendleiter in Personalunion agiert. Dieser legte die desaströse finanzielle Lage der Mannschaft offen und betonte: „Wer will, kann gehen." War die sportliche Lage ohnehin schon prekär genug – man stand zur Winterpause nur knapp über dem Strich – wurde die Mannschaft bereits vor Saisonbeginn als einer der Abstiegskandidaten gehandelt und war die Lage durch die nun einsetzende Spielerflucht schwieriger denn je. Mehrere Stammspieler

Spielstätte seit 2012: Sportplatz Kienhorststraße (Wackerplatz)

verließen den Verein, gerade jene, die zu den Besserverdienenden gehörten. Claudio Offenburg, der bis dato die Geschicke an der Seitenlinie leitete und für die Situation zu teuer war, wurde von seinen Aufgaben entbunden. Zum Zeitpunkt der Übernahme der sportlichen Leitung durch Schönknecht belief sich der Schuldenberg auf einen sechsstelligen Betrag. Für einen vom Abstieg bedrohten Oberligisten eine Horrorbilanz. In der Rückserie probierten es die Füchse dann mit einem neuen kostengünstigen Trainer (Denis Drnda) und einem Kader, der zu größeren Teilen aus Spielern bestand, die auch noch in der U19 hätten auflaufen können. Zudem waren 43 Probespieler im Winter 2010/11 in Reinickendorf getestet worden. Ausnahmslos junge Spieler. Der Altersdurchschnitt der Mannschaft lag in den Spielen der Rückserie mitunter bei 20,5 Jahren. Letztlich gab es siebzehn Neuzugänge zu verzeichnen.

Trotz der schwierigen Rahmenbedingungen war der zweite und bis heute letztmalige Abstieg aus der fünften Spielklasse sogar recht knapp. Am letzten Spieltag ging es im Heimspiel gegen die Zweitvertretung des 1. FC Union Berlin um dringend benötigte Punkte. Maik Haubitz (spielte danach für Union Fürstenwalde, Lichtenberg 47, Viktoria Berlin und Hertha BSC II, bevor er 2019 wieder an seine alte Wirkungsstätte in Reinickendorf zurückkehrte), brachte Grün-Weiß zunächst in Front. Ein Unentschieden hätte sogar noch für die Relegation gereicht (die später Tennis Borussia Berlin gegen den SC Borea Dresden verlor), doch Adrijan Antunovic versenkte in der 89. Minute einen direkten Freistoß aus gut zwanzig Metern um die Mauer herum zum 2:1 für die Köpenicker. Schönknecht richtete im Anschluss an dieses K.o.-Spiel bereits aufmunternde Worte an die Presse: „Es geht weiter, wir müssen jetzt eben in der Berlin-Liga mit bescheidenen Mitteln und ein paar erfahrenen Leuten eine schlagkräftige Mannschaft aufbauen."

Schwierige Jahre in Berlins höchster Spielklasse

Der Neuaufbau gestaltete sich anschließend schwierig. Mit dem Ziel Klassenerhalt erstmalig nur in der sechsten Spielklasse antretend, war der Abstieg erneut mit einem personellen Aderlass verbunden. Ein Korsett an Spielern der Abstiegssaison blieb dem Verein dennoch treu und so konnte immerhin ein zwölfter Tabellenplatz herausgespielt werden. Dies sollte für die kommenden Spielzeiten die einzige sportlich sorgenfreie sein. Denn im Anschluss befanden sich die „Füchse Berlin Reinickendorf", wie der Verein nun offiziell hieß, verbunden mit einem zusätzlichen Wappenwechsel, ausschließlich im Abstiegskampf der Berlin-Liga wieder. Das Jahr 2012 war jedoch nicht nur mit der Änderung des Vereinsnamens verbunden, sondern auch mit dem Umzug der ersten Herrenmannschaft vom Freiheitsweg auf den Wackerplatz (heute offiziell: Sportplatz Kienhorststraße). Ursächlich für die Möglichkeit eines Umzuges war, dass der BFC Alemannia 90 die Anlage samt Gastwirtschaft aufgab und seitdem in der Ollenhauerstraße seine Heimat hat. Zuvor spielte einst der SC Wacker 04 in der 2. Bundesliga auf jener Sportsanlage. Mehrere Vereine waren anschließend im Gespräch zur Übernahme dieses Schmuckstücks der Berliner Fußballgeschichte. Die Frauenabteilung des 1. FC Lübars war vorgesehen, was jedoch an der Insolvenz jener Abteilung scheiterte. Auch der SC Borsigwalde 1910 (lehnte ab, da sie an der Tietzstraße bereits ein eigenes Casino besaßen) und sogar die SD Croatia Berlin (lehnte ab, weil man einen zweiten zusätzlichen Platz wünschte) schieden schließlich aus. So war der Weg zum Umzug der ersten Herrenmannschaft frei. Der Ortswechsel erwies sich letztlich als Glücksgriff. War und ist der Sportplatz Freiheitsweg zwar ebenso ein traditionsreicher Fußballort, fehlt es dort zumindest an einem Vereinsheim und somit ein Stück weit an Infrastruktur und Gastlichkeit. Gegenwärtig spielen und trainieren die Jugendmannschaften als auch die zweite Herrenmannschaft weiterhin am Freiheitsweg, wenngleich witterungsbedingt auch die beiden Kunstrasenplätze an der Aroser Allee sowie der Kunstrasenplatz an der Thurgauer Straße für Spiel- und Trainingsbetrieb genutzt werden. Zudem befindet sich am Freiheitsweg nach wie vor die Geschäftsstelle der Fußballabteilung und des Gesamtvereins.

Gemütliche Vereinsgaststätte: Treffpunkt und Wohlfühloase bei Heimspielen der Füchse am Wackerplatz

An neuer Wirkungsstätte am Wackerweg liegend, konnte in den darauffolgenden Jahren die Berlin-Liga zunächst mit Ach und Krach gehalten werden, ehe 2014 der Abstieg in die Landesliga Berlin anstand. Unter dem Strich war der Aufenthalt in der siebten Liga nur ein Betriebsunfall. Mit einer Mannschaft, die nur geringfügig verstärkt werden konnte, war der Aufstieg gemeinsam mit dem BFC Preussen schon recht frühzeitig in Sack und Tüten. Doch auch nach dem direkten Wiederaufstieg war an sportliche Ruhe nicht zu denken. 2017/18 sowie 2018/19 konnte erst am allerletzten Spieltag der Klassenerhalt verwirklicht werden. Vor allem in zweitgenannter

Spielzeit war der Kampf um den Verbleib in der Berlin-Liga spannender denn je. Nachdem die Füchse noch zur Winterpause schon beinahe hoffnungslos am Tabellenende standen und ein wiederholter Abstieg in die Landesliga ausgemacht schien, wurde in der Rückserie zu einer Aufholjagd angesetzt. Am allerletzten Spieltag konnte Türkiyemspor an einem Freitagabend an der Kienhorststraße mit 3:0 besiegt werden. Demnach sprang die Mannschaft zumindest bis Sonntagnachmittag über den ominösen Strich. Der BFC Preussen brauchte am besagten Sonntag nur ein Unentschieden gegen den TSV Rudow, der seit eh und je in dieser Saison von allen Sorgen befreit war und bei dreißig Grad im Schatten um die goldene Ananas spielte. Rudow, zunächst in Führung gehend, fing sich prompt den Ausgleich, und bis zur Nachspielzeit des Spiels hielt Preussen mit Mühe das 1:1. Rudow rannte im zweiten Durchgang förmlich Welle um Welle an und erzielte in der dritten Minute der Nachspielzeit den 2:1-Siegtreffer – Preussen war abgestiegen, die Füchse blieben mit Rudower Schützenhilfe drin.

Die Talsohle war durchschritten

Der gerade so vermiedene Abstieg war zugleich Startschuss für eine deutliche Stabilisierung der Lage. Mit Ümit Ergirdi und guten Neuverpflichtungen war man drauf und dran, endlich eine sorgenfreie Saison zu spielen. Die Corona-Pandemie und die damit verbundene Zwangspause fror die Tabelle während der Rückrunde ein, wie auch die anschließende Saison. Seit nun mehr vier Jahren befinden sich die Füchse sportlich wieder mehr oder minder im Aufwind und waren mit einem vierten und einem fünften Tabellenplatz zeitweise der Oberliga relativ nahe. In der Saison 2023/24 gehörte man erneut zum Favoritenkreis um den Aufstieg, hat aber mit dem BFC Preussen eine Mannschaft vor sich, die sich mit dem achtfachen Saisonetat und einer mit Oberliga- und Regionalligaspielern gespickten Elf erwartungsgemäß den Titel holten. Mit 15 Punkten Abstand konnte aber zumindest die Vizemeisterschaft gesichert werden. Bei den Füchsen ist man um ruhige und seriöse Arbeit bemüht und eine Rückkehr in die fünfte Liga ist ein perspektivisches Ziel, vom dem aber nicht Ruhm und Verderben abhängen.

Hertha BSC

von Benjamin Moser

Abgestiegen, zweitklassig – verspottet und gedemütigt. So fühlte sich jeder Herthaner nach Abpfiff des 33. Spieltags der Saison 2022/23. Die mit virtueller Häme über Jahre hinweg befüllten Kübel ergossen sich allerdings schon über uns bevor Dr. Felix Brych das letzte Heimspiel der Saison abpfiff. Kaum war der Ball zum 1:1-Ausgleichstreffer im Tor, gleichbedeutend mit dem siebten Abstieg der Vereinsgeschichte, jubelte das Netz über den endgültigen Niedergang von Hertha BSC. Der älteste Verein der Bundesliga war abgestiegen. An diesem Nachmittag konnten wir Herthaner sogar noch dankbar sein, dass der Rekordmeister FC Bayern wenige Stunden später in München die Tabellenführung gegen das Konstrukt aus Leipzig verspielte. Die Gleichzeitigkeit der Bilder von Bayernfans, die in Massen fluchtartig die Allianz Arena verließen, während Heidi Klum feuchtfröhlich via Instagram von der VIP-Tribüne den Rauswurf des Sportdirektors Hasan Salihamidžić alias „Brazzo" forderte, schlugen einfach höhere Wellen als der rechnerisch feststehende Abstieg von Hertha BSC. Die vielen fertig in der Schublade liegenden Verrisse des in den letzten vier Jahren aufgeführten Hauptstadt-Theaters, die rasch nach Ende des Spiels mit dem Wunsch nach maximaler Aufmerksamkeit publiziert wurden, verkamen außerhalb der Stadtgrenzen zur Randnotiz. Sowieso geisterte der Abgesang auf Hertha BSC, dem Gründungsmitglied der Bundesliga, schon seit Wochen durch die Blätterlandschaft ohne nochmals eine neue Wendung zu bekommen. Den Klassenerhalt hatten die Experten wie auch die Fans – und insgeheim wohl auch die Verantwortlichen des Vereins – nach den katastrophalen Vorstellungen in Gelsenkirchen, gegen Werder Bremen und den 1. FC Köln – Spiele die mit insgesamt 6:14 Toren verloren gingen – bereits abgeschrieben. Überwog im ersten Moment noch die Freude, wie schnell sich die Fußballwelt weiterdrehte, dessen Nabel wir wahrlich nicht sind, schmerzte die Erkenntnis, dass mit Herthas Abstieg nicht mehr die ganze Metropole an der Spree aus der Bundesliga verschwindet, umso schwerer. Die Hauptstadt bleibt der deutschen Eliteklasse durch eine Südost-Vertretung in rot-weißen Farben erhalten. Doch wer dachte, dass nach dem kometenhaften Aufstieg der Eisernen bis in die Champions League und dem jahrelangen Straucheln der Blau-Weißen nun die „Neutralos", die Sympathisanten und die Meckerrentner der Gegen- und Haupttribüne den Heimspielen der Alten Dame fernblieben und nunmehr nur der harte Kern in der Ostkurve Stellung hielt, sah sich nicht nur in der vergangenen Saison getäuscht.

Im Gegenteil, die Fans von Hertha BSC haben in den Wochen vor dem Abstieg auch außerhalb der Ostkurve für Stimmung gesorgt und den Ober- und Unterring der Gegentribüne in eine erweiterte brodelnde Fankurve verwandelt, die sich gegen den Abstieg stemmte. Auch in der vierten Saison Abstiegskampf hatten sich die Reihen im Olympiastadion nicht gelichtet und wir Fans sind gegenteilig der Erwartung noch leidenschaftlicher geworden. In der Saison 22/23 gab es in Fußballdeutschland neben der Häme und des gerne bemühten Labels des „irrelevanten Bundesligisten", ungewohnterweise auch so etwas wie Anerkennung für die Fans von Hertha BSC. Denn so aussichtslos die Lage auf dem Feld auch war, kurz nach jedem Treffer waren wir schon wieder zu hören mit „Hier kommt Hertha, scheißt euch in die Hosen!". In einer Saison mit lediglich sechs Siegen nach dem 33. Spieltag, 19 Niederlagen und insgesamt 68 Gegentoren strömten wir Fans so zahlreich wie noch nie ins Olympiastadion, um unsere große blau-weiße Liebe Hertha BSC lautstark zu unterstützen. Im Schnitt besuchten 53.640 Zuschauer die Spiele der Alten Dame.

Die Unterstützung war so groß, dass der Motor des Stadions, die Ostkurve, aus allen Nähten platzte und folgerichtig zur nächsten Saison auf den Oberring erweitert wird. Folglich schlägt ab der neuen Saison das Hertha-Herz nicht mehr nur im unteren Bereich der Kurve, sondern nun auch ganz offiziell oberhalb des traditionellen Bereichs laut und hörbar. Der Andrang auf Tickets und Dauerkarten kommt nicht von Ungefähr, denn seit vier Jahren zählt bei Hertha jeder Punkt. Jedes Gegentor könnte eine Krise auslösen oder den Abstieg bedeuten. Egal gibt es bei uns nicht und jeder sah sich in der Pflicht zu erscheinen. Das nächste Spiel war immer das Wichtigste

und irgendwann spät in der Saison war es eigentlich stets aussichtslos, und wir Fans haben für ein Wunder singen und toben müssen und uns immer wieder überboten. Drei Mal haben wir es gemeinsam geschafft in einer Arena, die nur bedingt fußballtauglich ist, gegen den Abstieg anzukämpfen und am Ende hat es uns mit einem finalen Nackenschlag doch noch erwischt. Plötzlich gab es also nicht mehr das nächste wichtige Spiel, das nächste Hoffen auf die Konkurrenz, die uns stets hängen ließ oder das Daumendrücken für unliebsame Vereine, bei dem man sich schmutzig fühlte.

Vorbei! Es endete mit einem Tor in der vierten Minute der Nachspielzeit und da dürfen auch bei Fußballfans schon mal Tränen fließen. Niemand muss sich seiner Tränen schämen, wenn er sich seit Jahren für etwas engagiert, Teil einer Gemeinschaft ist und seine Wünsche und Träume auf den mit weißer Kreide umrandeten Rasen projiziert. Die Zeiten in dem Hertha „nur Sport" war und man als Fan kiekt, meckert und je nach Ergebnis mal pfeift oder applaudiert, gehören für die meisten Anhänger des Vereins der Vergangenheit an.

Nein, wir Herthaner sind in den letzten vier Jahren gewachsen, einerseits in den Mitgliederzahlen (46.000) und andererseits was das Engagement für den Verein angeht. Wir Herthaner haben uns über die Jahre ein dickes Fell zugelegt. Und ob die elf Vertreter auf dem Feld das Tor treffen oder eben nicht, mag uns temporär euphorisieren oder die Laune verderben, aber das Lebensgefühl Herthaner zu sein, beeinträchtigen Sieg oder Niederlage nicht. Das ist ein Unterschied zu früher, rund um das Millennium, als Fans noch ein nettes Beiwerk waren und Dieter Hoeneß auf der Geschäftsstelle einsam regierte. Einst trugen wir das Trikot der Stars, von Champions-League-Helden wie Michael Preetz oder Sebastian Deisler, das Shirt des genialen Marcelinho oder des exzentrischen Pantelić. Heute tragen elf Spieler auf dem Feld unser Trikot. Das Trikot der Fans, die nicht nur in der Ostkurve stehen, sondern auch dienstags in blau-weißen Westen in der Schloßstraße unter der Brücke, um Bedürftige mit Essen und Trinken zu versorgen und als Ansprechpartner zu dienen, egal wie die Covid-Abstandsregeln gerade sind. Das Trikot der Hertha-Fans, die mit „1892HILFT" längst einen eigenen Verein gegründet haben, der einen Straßen-Cup organisiert und durch die Stadt tourt, um den Menschen, denen es nicht so gut geht wie den meisten Stadiongängern, die sich im Leben über mehr ärgern müssen als Sieg oder Niederlage, ein warmes Essen zu bringen. Das Trikot der Fans, die den Senat, der zuvor jeglichen Versuch des Vereins blockierte, einen Stadionbau zu realisieren, an den Verhandlungstisch brachte. Und es waren Mitglieder von Hertha BSC die während der Corona-Zeit mit „Aktion Hertha Kneipe" den Grundstein zur Rettung von Hertha-Kneipen legten.

Wer heute noch behauptet, Hertha BSC stehe für nichts oder sei eine graue Maus, möge seinen Blick von der biederen Performance auf dem Platz auf die Tribünen richten. Das Trikot der Fans, die Jordan Torunarigha den Rücken gestärkt haben, als er in einer hitzigen Atmosphäre in der Veltins Arena rassistisch beleidigt wurde, und in dem Moment als die Tränen bereits flossen vermutlich dachte, er stünde alleine da. Weit gefehlt, wer unser Trikot mit der Fahne auf der Brust trägt, darf niemals alleine dastehen und das zeigte Hertha auf dem Feld als seine Mitspieler ihn trösteten und wir Fans im nächsten Heimspiel als wir ein Zeichen setzten. Torunarighas Nr. 25 prägte auf tausenden Zetteln das Bild in der Ostkurve als Frank Zander mit uns unsere Hymne „Nur nach Hause" anstimmte und selbst die „25" in die Kamera hielt.

Wir sind bei Hertha BSC einen weiten Weg gegangen, von Unterschriftenlisten gegen die Verpflichtung von schwarzen Spielern, über die teilweise offene Ablehnung von Erwin Kostedde im Hertha-Dress, bis hin zu Dedryck Boyata, einem schwarzen Spielführer, wobei das größte Geschenk daran war, dass es vermutlich niemanden aufgefallen ist, dass dies ein Novum bei Hertha war. Niemand brauchte sich schämen am Montag nach dem Abstieg mit der Hertha-Fahne auf der Brust zur Arbeit oder zum Sport zu gehen. Statt einer Austrittswelle nach vier sportlich miserablen Jahren und dem Abstieg in die 2. Bundesliga ohne gesicherte Lizenz traten die Menschen zu Haufe ein bei Hertha BSC. Sie wollen Teil sein eines Vereins, in dem es möglich ist, einen ehemaligen Ultra zum Präsidenten zu wählen, in dem Fans für die Wiedereinführung der Hertha-Frauenabteilung gekämpft haben, und der Ball in der Saison 23/24 endlich für wirklich alle rollt.

Blick auf die Ostkurve im Olympiastadion

Aktuell sind wir aber auch ein Verein der Gegensätze, bei dem auf der einen Seite unsere Tradition steht, mit über 130 Jahren Fußballhistorie, wobei wir vor schon vor fast hundert Jahren Deutscher Meister waren, und auf der anderen Seite im Korsett des modernen Fußballs gefangen sind. Es begann mit dem Einstieg der UFA, mit deren Geld wir 1997 in die Bundesliga zurückkehrten, führte über

Geld von KKR und Windhorst, mit dem wir in der Bundesliga überlebten, bis hin zum Einstieg von 777 Partners. All dies geschah in der ausgegliederten Profiabteilung, während wir Mitglieder für einen neuen Kurs im Präsidium des eingetragenen Vereins stimmten und Kay Bernstein zum Präsidenten wählten. Diese Widerstände gilt es jetzt zu überstehen und es wäre naiv, bessere Zeiten am Rande des Horizonts für einen sportlich und wirtschaftlich so gebeutelten Verein wie Hertha BSC mit erneut zweifelhaften Investoren zu sehen. Aber mit unserem Juwel, der Jugendarbeit, dem Stadionprojekt und der Leidenschaft der Fans, die sich nicht an der Ligazugehörigkeit orientieren darf, kann Hertha BSC, können wir es schaffen, die kommenden harten Jahre gemeinsam zu überstehen.

Ich bin kein großer Freund davon im Sport, besonders im Leistungs- und Profisport Demut zu propagieren, aber zum jetzigen Zeitpunkt müssen wir Fans von Hertha BSC demütig sein. Wir dürfen froh sein, wenn wir im Spiel der Großen, auch wenn es dieses Mal nur die 2. Bundesliga sein wird, noch partizipieren dürfen. Und wir müssen geduldig sein: Geduldig mit dem Berliner Weg und den Talenten aus Herthas Akademie. Für viele, auf die jetzt das Rampenlicht zeigt, wird der Schritt aus der U23 oder der Jugend auf die große Bühne der 2. Bundesliga mit gestandenen Profis zu groß sein. Anders als es die Gefühlslage rund um den Verein unmittelbar nach Abstieg vermittelte, verfügt Hertha BSC nicht über eine Schattenmannschaft aus Jugendspielern, die Bundesliga- oder Zweitligatauglich ist und nur berufen werden muss. In einer körperlich herausfordernden Liga mit Mannschaften, die das Spiel zerstören und gegen die man sich mit kühlem Kopf und heißen Herzen durch die Ketten kombinieren muss, ohne Raum für Konter oder vertikales Spiel zu bekommen, muss es oftmals die Erfahrung und Qualität richten. Es sind diese Eigenschaften, die den zweitklassigen Gegnern über die 90 Minuten Laufzeit langsam die Luft zum Atmen nimmt. Dafür muss sich vermutlich auch Pál Dárdai, Herthas Spieler- und Trainerlegende neu erfinden. Mit der berühmten „Hintenrum-Scheiße" und dem Vertrauen auf unerhörte Effektivität im Sturm könnte es eng werden als Aufstiegskandidat zu gelten, ohne die Dienste der Ausnahmekönner Lukébakio, Ejuke oder Jovetić bemühen zu können. Vermutlich wird es mehr als eine Saison dauern, hier eine gute Berliner Mischung zu finden, die genug Punkte für einen Aufstieg sammelt.

Ich bin gespannt wie es weitergeht, und die Dauerkarte für nächste Saison ist schon gekauft. Unsere Aufgabe als Fans ist es weiter zu wachsen, Menschen von der Stimmung im Olympi zu überzeugen und geduldig zu bleiben beim Aufbau unserer neuen Hertha. Der 20. Mai 2023 war ein Tiefpunkt in der Geschichte von Hertha BSC, aber wir alle gemeinsam bestimmen, welcher Anfang es ist. Der Anfang vom Ende unseres Vereins im Profisport oder der Anfang von Herthas Renaissance in der Bundesliga.

In diesem Sinne: Ha Ho He!

Türkiyemspor Berlin

von Daniel Stolzenbach

Mit dem BFC Türkiyemspor gewann 1988 das erste Mal ein von Migranten gegründeter Verein den Berliner Landespokal. Was heute den Gazetten keine große Schlagzeile mehr wert wäre, überraschte damals selbst die Experten. Türkiyemspor wurde erst ein Jahr zuvor als Verein gegründet und ging aus einer losen Freizeittruppe hervor, der „Kreuzberg Gençler Birliği" (Kreuzberger Junge Union), die schon seit 1975 bestand. Ein großer Teil der damaligen Mitglieder kam aus der türkischen Stadt İzmir und so entschied man sich unter dem Namen BFC İzmirspor aufzulaufen. Da man keine Erfahrung mit dem Führen eines Vereins hatte, startet man zunächst in der Freizeitliga. Doch das Ziel war von Anfang an klar: Man wollte in die Amateurligen des VBB (Verband Berliner Ballspielvereine, Vorläufer des Berliner Fußball-Verbands).

1983/84 war es dann endlich soweit, İzmirspor startete in der C-Klasse des Berliner Amateurfußballs und wurde auf Anhieb Meister. Dasselbe wurde 1984/85 in der B-Klasse und 1985/86 in der A-Klasse wiederholt und so spielte in der Saison 1986/87 das erste Mal ein türkisch geprägter Verein in der Landesklasse Berlin. Sportliche Erfolge sorgen nicht nur für mediale Aufmerksamkeit, sondern auch für mehr Zuschauer. Die Besucherzahlen stiegen deutlich an, ebenso die Anzahl der Mitglieder. Der Verein war längst kein Verein der İzmiraner mehr, sondern ein Berliner Verein der türkischen Gemeinschaft, und so wurde aus dem BFC İzmirspor im Januar 1987 Türkiyemspor Berlin e.V.

Als migrantisch geprägter Verein sah sich İzmirspor, und später auch Türkiyemspor, oft rassistischen Anfeindungen ausgesetzt. Hinzu kamen fragwürdige Verbands- und Schiedsrichterentscheidungen, die den Kreuzbergern oft Stöcke zwischen die Beine warfen und einige Punkte kosteten. Bereits im Jahr 1984 kam es nach dem Spiel gegen den BFV Liberta zu rassistischen Anfeindungen und Prügeleien. 1988, Türkiyemspor war mittlerweile in die drittklassige Oberliga

Zuhause im Willi-Kressmann-Stadion (Katzbachstadion)

Berlin aufgestiegen, kam es beim Spiel gegen Hertha BSC im Katzbachstadion zu einem Aufmarsch organisierter Neonazis, die nur
durch ein massives Polizeiaufgebot in Schach gehalten werden konnten. Doch auch die Fans von Türkiyemspor sorgten für handfeste
Auseinandersetzungen. Im Oktober 1988 musste das Oberligaspiel
zwischen Rapide Wedding und Türkiyemspor minutenlang unterbrochen werden, als Schiedsrichter Lutz Michael Fröhlich den vermeintlichen Siegtreffer für die Gäste abgepfiffen hatte. Im Gegenzug
schoss Rapide den Siegtreffer in der Nachspielzeit. Fröhlich konnte
seine von Türkiyemspor-Fans belagerte Kabine erst eine Stunde
später verlassen. Der Berliner Fußball-Verband verdonnerte daraufhin die Kreuzberger dazu, fortan bei jedem Heim- und Auswärtsspiel
Ordner zu stellen.

Sportlich stellt die Saison 1990/91 den ersten Höhepunkt in der
Vereinsgeschichte dar; sportpolitisch war es aber eine Vollkatastro-
phe für Türkiyemspor und steht symptomatisch für das angespannte
Verhältnis zum Berliner Fußball-Verband. Alles begann mit dem
Wechsel von Piotr Podkowik von Hertha Zehlendorf zu den Kreuz-
bergern. Der BFV erteilte dem Wechsel die Freigabe und dem Spieler
die Spielberechtigung. Im Oktober platze dann die Bombe.
Türkiyemspor hatte gerade das Spitzenspiel gegen Hertha Zehlen-

dorf mit 2:0 gewonnen, als das Verbandsgericht die Freigabe für Podkowik für unwirksam erklärte und ihn bis zum 1. November 1990 sperrte. Antragsteller war unter anderem Hertha Zehlendorf. Die sieben bereits absolvierten Saisonspiele des Kreuzberger Tabellenführers sollten alle wiederholt werden. Letztendlich entschied das Verbandsgericht, dass Türkiyemspor drei Saisonspiele wiederholen muss, wodurch sie auf Platz 6 zurückfielen. Als im März 1991 die Wiederholungsspiele anstanden, war Türkiyemspor wieder Tabellenzweiter und musste innerhalb von neun Tagen drei Spiele austragen. Diese wurden zwar allesamt gewonnen, kosteten aber so viel Kraft, dass es in den folgenden zwei Spielen nur zu einer Punkteteilung reichte. Am letzten Spieltag kam es dann zum Gipfeltreffen mit dem Tabellenzweiten Tennis Borussia. Das Katzbachstadion war mit 8.000 Zuschauern proppenvoll und verlieh dem Saisonfinale den verdienten Rahmen. Mit einem Sieg hätte sich Türkiyemspor für die Aufstiegsrunde zur 2. Bundesliga qualifiziert. Doch es kam anderes. Mit 0:5 wurden die Kreuzberger von TeBe überrollt. Die anfänglich noch ausgelassene Stimmung wandelte sich in Aggressivität gegenüber Schiedsrichtern, Gegenspielern und gegnerischen Fans. Das beherzte Eingreifen des Ordnungsdienstes von Türkiyemspor verhinderte vielleicht Schlimmeres. Im Nachgang des Spiels wurde das Katzbachstadion für ein Jahr für die Spiele von Türkiyemspor gesperrt und die Kreuzberger ins Exil nach Prenzlauer Berg in den dortigen Jahnsportpark verbannt. Als Vizemeister der Berliner Oberliga konnte sich Türkiyemspor zumindest für die Deutsche Amateurmeisterschaft qualifizieren. Am Ende fehlte ein Punkt hinter den Amateuren von Werder Bremen für das Erreichen des Finals.

Seit Ende der Achtziger wurde Türkiyemspor zunehmend von Menschen aus der linksalternativen Szene unterstützt. Besonders aus der Fanszene des FC St. Pauli suchten Menschen in Berlin einen Verein wo sie als Hippie, Freak, Rasta oder Punk ohne Probleme hingehen konnten. Hertha, Union und der BFC Dynamo waren naziverseucht – TeBe fand fantechnisch nicht statt und wurde eher belächelt. In dieser Zeit entstand bei Türkiyemspor auch das Fanzine „Victory". Das Heft erschien viermal pro Jahr und wurde vor allem in Kreuzberg und Friedrichshain verteilt oder in Kneipen ausgelegt.

Inhaltlich ging es um Türkiyemspor, den FC St. Pauli, linke Politik, Kreuzberg und Antifaschismus. Ab 1996 gab es auch regelmäßige Berichte von TeBe-Spielen.

Mit dem Mauerfall eskalierte die Situation komplett. Türkiyemspor wurde in die neu gegründete NOFV-Oberliga eingegliedert und traf auf die ehemaligen Größen des DDR-Fußballs. Rassistische Beschimpfungen und Bedrohungen waren an der Tagesordnung und so kam es, dass Türkiyemspor regelmäßig von rund 30 bis 40 Antifas begleitet wurde. Da gibt es die Geschichte von den beiden ehemaligen DDR-Grenzern (überzeugte Kommunisten, zwei Meter groß und mit Kampfsporterfahrung), die den Magdeburger Block allein zum Weglaufen gebracht haben sollen. Eine andere Geschichte erzählt davon, wie in Cottbus türkische Familienväter zusammen mit deutschen Antifas aus den Fanbussen stiegen und die Nazihorden verjagten. Bei einem Ligaspiel in Dessau tauchten vor dem Spiel plötzlich viele Menschen mit roten Fahnen vom örtlichen Autonomen Zentrum auf und unterstützten Türkiyemspor und seine Fans. Bei einem Heimspiel 1991 gegen Union Berlin wurden die Türkiyemspor-Fans von zwei Seiten sowohl verbal als auch körperlich angegriffen. Neben den 1.000 Union-Fans, hatten sich auch 200 BFC-Hools im Stadion versammelt. Leider sind diese Geschichten nur die Spitze des Eisberges; alle zu erzählen würde den Rahmen dieses Artikels sprengen. Deshalb zurück zum Sportlichen.

Nach dem ersten Pokalsieg 1988 schaffte es Türkiyemspor noch zwei weitere Male sich den Berliner Pokal zu holen. 1990 besiegte man im Berliner Mommsenstadion Hertha Zehlendorf, ein Jahr später ging man gegen Marathon 02 als Sieger vom Platz. Die folgenden Teilnahmen im DFB-Pokal endeten meist in der ersten Runde, aber immerhin konnte man 1991 mit Blau-Weiß 90 einen damaligen Zweitligisten ausschalten und eine Runde weiterziehen. Dort waren dann die Stuttgarter Kickers eine Nummer zu groß. 1994 qualifizierte sich Türkiyemspor für die neu geschaffene drittklassige Regionalliga, stieg aber aus selbiger in der gleichen Saison wieder ab. Es folgten Jahre zwischen Verbandsliga und Regionalliga. 2010 dann der vorläufige Tiefpunkt. In der Regionalliga Nord legte der Verein einen kompletten Fehlstart hin und kam auch finanziell in Schieflage. Eine Insolvenz konnte gerade noch verhindert werden. Aufgrund von Verstößen gegen die Lizenzbestimmungen wurden Türkiyemspor vier Punkte abgezogen, so dass man am Ende der Saison als Absteiger mit gerademal zwei Punkten dastand. Heute spielen die Kreuzberger in der siebtklassigen Landesliga Berlin. Auch fantechnisch ging es für Türkiyemspor nach unten. Während Ende der Achtziger Jahre noch mehrere Tausend Zuschauer zu den Heimspielen kamen, verirren sich heute kaum hundert Schaulustige. Die zunehmende Liveübertragung von türkischen Fußballspielen wird genauso ihren Anteil daran haben wie der ausbleibende sportliche Erfolg. Doch wenn wir genauer hinschauen sehen wir, dass Türkiyemspor ein durchaus erfolgreicher Verein ist. Die Jugendabteilung, für die Türkiyemspor mehrfach ausgezeichnet wurde, bietet Kindern von der A- bis zur F-Jugend vielfältige Möglichkeiten sich fußballerisch zu betätigen. Seit 2004 gibt es eine Mädchenabteilung und die Frauen spielen mittlerweile in der Regionalliga und gehören neben Union Berlin und Viktoria Berlin zu den Aushängeschildern der Stadt. Türkiyemspor unterstützt vielfältig soziale Projekte wie zum Beispiel „Nein zu Gewalt an Frauen" und die „Respect Gaymes", ein Sportfest für Toleranz des Lesben- und Schwulenverbandes. Der Kampf gegen Ausgrenzung ist ein gemeinsames Ziel. Heute sieht sich der Verein selbst nicht als türkischer Verein, sondern betitelt sich als weltoffener Berliner Verein mit türkischer Geschichte.

Berliner AK 07

von Holger Schellschmidt

Der Berliner Athletik-Klub 1907 e. V. ist eine Geschichte wert. Sportlich allemal, in seinem Drumherum, mit seinen Eigenheiten und bisweilen auch Merkwürdigkeiten aber ebenso. Dabei ist allein schon die Geschichte des Vereins sehr bewegt und vielschichtig. Oft genug hat vermutlich nicht viel gefehlt und der Klub wäre – wie so viele andere – einfach von der Bildfläche verschwunden.

Eine kleine Vereinsgeschichte

Für all jene, die gern und mit Genuss Stadionprogramme erwerben, sind die Rahmendaten des Vereins vermutlich bekannt. Oft genug wurde Wikipedia rezitiert, allzu oft die gleiche Abhandlung wiederholt. Dabei ist nach wie vor vieles eher unklar, etliches nur durch Spekulieren oder eifrige Recherche zu ergründen. Dabei lassen sich aber durchaus Zusammenhänge herstellen, die uns noch mehr Licht ins Dunkel liefern. Warum aber ist dies so wichtig, wenn wir doch im Hier und Jetzt leben? Es sind eben die Umstände, die einen Verein prägten, die ihn an gewisse Orte brachten und die letztlich sein Überleben sicherten.

Osten oder Westen – ganz Berlin!

Für Identität ist Herkunft wichtig. Im Falle des erfolgreichen Fußballs die passende Heimstätte. Dabei bot und bietet der großstädtische Fußball vermutlich die interessantesten Geschichten, denn kaum ein Verein war und ist nicht von Wanderungen und Ortswechseln geprägt. Dass dabei der Gründungsort nur bedingt aussagekräftig ist, können wir am BAK erkennen. Der Verein wurde zunächst als Leichtathletikverein aus dem einstigen Ruderklub Hellas heraus gegründet. Die Ruderer waren seinerzeit im Treptower Park beheimatet. Was lag also näher als auch in der Nähe heimisch zu werden.

Das „K" im Klubnamen und die Vereinsfarben rot und weiß wurden vermutlich ebenso von Hellas übernommen. Allerdings gilt das „K" auch als deutsche Version gegen oder zumindest im Gegensatz zum englischen „C". 1908 kamen dann die Fußballer dazu, und 1909 schloss sich der S.C. Hellas 08 an. Die Wahrscheinlichkeit, dass man sich zuvor schon aus dem gleichnamigen Ruderklub kannte, liegt auf der Hand. Dennoch pflegte der Klub zunächst ein Vagabundendasein, denn ein eigener Platz fehlte. Da der Verein einst am Rosenthaler Platz seine erste Mitgliederversammlung erlebte, war wohl der Bewegungsradius zunächst zwischen Treptow und dem Scheunenviertel gegeben.

Den ersten eigenen Platz nutzte man dann ab 1910 unweit vom Ostkreuz in Lichtenberg. 1912 erfolgte der Umzug zum Bülow-Platz, dem heutigen Rosa-Luxemburg-Platz. Der 1. Weltkrieg sorgte aber alsbald für ein Ende der Vereinsaktivitäten. Bis dahin war der Verein jedoch in einer wirklichen Blütephase, vor allem auch im Fußball mit teilweise drei aktiven Mannschaften. Diese Abteilung hielt im November 1918 wieder eine Versammlung in der Turmstraße in Moabit ab. Der neue Heimatort wurde aber zunächst einmal der „Exer" im Prenzlauer Berg. Die Leichtathleten waren derweil in der Seydlitzstraße in Moabit heimisch geworden und so zogen auch die Fußballer um 1920 nach Moabit, auf das Gelände am heutigen Poststadion.

Damit könnte die Wanderung durch die Mitte Berlins eigentlich für abgeschlossen erklärt werden, aber meist kommt es ja anders als man denkt. Der Sport entwickelte sich überall hervorragend und die Post entdeckte dessen Vorzüge. Dafür benötigte der Postsportverein auch ein eigenes Stadion und bald war am Poststadion kein Platz mehr für den BAK. Während die Leichtathleten in Richtung Tiergarten zogen, ging es für die Fußballer hinaus nach Altglienicke, wo man sich 1929 selbst einen Platz anlegte. Von dieser Anlage gibt es jedoch heute keine Spuren mehr. 1937 folgte dann wiederum ein Umzug an die Christianiastraße in Gesundbrunnen, die wir seit 1938 als Osloer Straße kennen. Welche einschneidende Bedeutung dieser Umzug haben würde, ahnte wohl niemand. Dieser Wechsel, der folgende 2. Weltkrieg und seine Folgen bis hin zum Mauerbau sorgten aber letztlich dafür, dass wir den BAK heute als Weddinger und

Haupttribüne im Poststadion

folglich Westberliner Verein kennen. Vor allem an der einstigen Lüderitzstraße kam es dann ab 1990 zum rasanten sportlichen Aufstieg. Zudem residierte der Verein in der Saison 2006/07 als Oberligist sogar noch eine Saison im Jahn-Sportpark, knüpfte also ein wenig an seine Ostvergangenheit an. Dieses Kapitel wurde aber schnell geschlossen und durch allerlei Umstände ging es 2008 zurück ins Poststadion, wo man genau wegen des Stadionbaus rund neunzig Jahre zuvor weichen musste.

Nach heutigem Ermessen wurde der Klub also im Osten gegründet, blühte im Osten und Westen richtig auf und wurde dann wie so viele Vereine eingemauert, womit das Kapitel West begann. Bis auf eine kurze Zeit im fernen Osten war der Verein aber immer in der Mitte beheimatet, weshalb das heutige Vereinsmotto „Wir sind Berlin" im Grunde alles über den Verein aussagt.

Einfach dabei sein

Nun ist der Verein natürlich noch viel mehr, vor allem türkisch – zumindest nach jüngerer Lesart. Seien wir ehrlich, ohne das Engagement des Bauunternehmers Mehmet Ali Han und späterhin für kurze Zeit seiner ganzen Familie würde es den Verein nicht mehr geben, er wäre nicht in der Regionalliga und auch nicht im Poststadion angekommen. Wir sind also noch viel mehr als nur Berlin. Eigentlich genau die Mischung aus Alt und Neu, heimisch und zugezogen, Berlin und der ganzen Welt – wie man sich das in der Mitte unserer Stadt vorstellt. Dass mit den finanziellen Querelen, der Fast-Pleite, den Fusionen und nicht zuletzt dem Wechsel vom Afrikanischen Viertel nach Moabit viel von der alten Vereinsstruktur verloren ging, steht außer Frage. Dass seither aber auch viel Neues daraus erwachsen ist, bedeutet umso mehr. Genau aus diesem Grund erlebt der Klub aktuell auch nicht den erwarteten Niedergang, nachdem sich der Mäzen überraschend und kurzfristig zurückgezogen hat. Vielmehr besteht darin auch die Chance, etwas Neues auf einem guten und durchaus gewachsenen Fundament zu entwickeln.

Und Fankultur?

Nun ja, ohne so etwas wie Fans und Fankultur gäbe es auch diese Zeilen nicht. Entscheidend ist aber, dass man sich einen Verein wie den BAK grundsätzlich freiwillig aussucht. Stetig gewachsene Fanstrukturen gibt es kaum und diese haben folglich andere Grundlagen. Anderswo entstehen solche ja nicht selten aus einem Mangel an Alternativen heraus. An solchen mangelt es in Berlin nun aber wahrlich nicht.

Warum aber bleibt man dann ausgerechnet bei einem Verein hängen, der zwar viel Potential im Sportlichen hat, dessen Fanbasis aber eher dürftig ist? Faszination für die Spielkultur oder Kartenkauf ohne Anstehen und Stress? Keine Schlangen am Einlass?

Die Antwort ist einfach: Ein Hang zum Ungewöhnlichen sowie Freunde und das Stadion. Kurz zusammengefasst bedeutet dies: Man kennt sich schnell, und wenn man sich mag, dann geht man auch häufiger ins Stadion. Ist dieses dann noch mit allerlei Einmaligkeit und Besonderheiten gesegnet, dann spricht auch allein dies schon für wiederholte Besuche. Man benötigt also ein stimmiges Gefüge aus vielen Komponenten und frisches Bier bei gutem Sport. Ideal im kleinen Kreis eben.

Dabei war allein die Biersituation schon oft genug ein Ausgangspunkt für berechtigte Nörgelei. Dilettantismus bei der Versorgung mit gezapften Getränken prägte einst fast jeden Hopper-Bericht. Wenn man so will, auch ein Markenzeichen – wenngleich kein Gutes.

Zum Glück gibt es dahingehend jetzt eine klare Entwarnungsmeldung. Einen weiteren Umstand haben wir uns dann zu Nutze gemacht, den man bei größeren Vereinen eben nicht haben kann: Nähe zum Verein, Nähe zur Mannschaft, Nähe zu allem, was man gern mitgestalten möchte.

Nun kann man nicht behaupten, dass es nicht an Initiativen mangelte, um mehr Zuschauer zu gewinnen. Einzig das Durchhaltevermögen ging selten über eine Saison oder gar eine Halbserie hinaus. Egal was kam, schnell kam es wieder anders – ganz egal, ob es erfolgreich war oder nicht. Wir, die wir häufiger da sind, haben uns daran gewöhnt – Versuch und Scheitern sind Kernelemente des Fußballs, warum also nicht auch abseits des Sportlichen?

Zwölf Freunde müsst ihr sein – Auswärts mit Vor- und Nachteilen

Anderswo stehen die Fans als 12. Mann hinter der eigenen Mannschaft – zumindest behaupten sie dies. Bei uns wiederum haben wir uns der Herausforderung gestellt, wenigstens häufiger eben zwölf Personen zu sein. Mehr oder weniger ist dann unerheblich, aber zwölf ist eben eine besondere Herausforderung. Weniger für uns selbst, sondern viel häufiger für die gastgebenden Vereine bei Auswärtsfahrten.

Große Mengen an Gästefans sorgen immer für großen Umsatz; kleine Mengen für größere Kopfschmerzen. Zu letzterer Kategorie gehört der BAK-Anhang. Klein aber fein, wie wir sind, stellen wir natürlich keine größeren Ansprüche. Wir wünschen uns aber zumin-

dest ein wenig Beachtung. Während wir uns bei kleineren Vereinen weitgehend unbeachtet unter den heimischen Pöbel mischen können und dies bisweilen auch tun, so verzichten wir darauf anderswo gern. Leider kommt es aber auch immer einmal vor, dass wir nicht erwünscht sind, da der Aufwand zu groß zu sein scheint, wenn eben nur wenige Gästefans anreisen. Spontane Ticketumbuchungen aus dem Gäste- in den Heimbereich inklusive. Die Erlebnisse in vielerlei Hinsicht häufen sich mit längerer Reisetätigkeit mit dem BAK. Ein paar kurze Episoden oder Regelmäßigkeiten wollen wir hier einmal erwähnen. Natürlich sind dies subjektive Wahrnehmungen, und vielleicht wurden die Ereignisse auch unter uns wenigen ganz unterschiedlich wahrgenommen.

Blechtribüne in Zwickau

Lange ist es her, dass wir nach Zwickau reisen mussten. 2015/16 trennten beide Vereine am Saisonende lediglich zwei Tore, die über die Teilnahme an der Relegation zur 3. Liga entschieden. Wir holten gegen den zwischenzeitlichen Drittligisten in jener Saison jedoch vier Punkte, was zumindest das direkte Duell zu unseren Gunsten entschied. Inzwischen spielt der sächsische Verein ja in seinem neuen Stadion, in der Aufstiegssaison war es aber das Sportforum in Eckersbach mit seiner eigentümlichen Blechtribünen-Infrastruktur. Eine solche zierte auch den Gästeblock, und wir wurden dort mit vier Gästefans gar gastlich empfangen. Frei bewegen, aber ohne Versorgung. In solcher Atmosphäre bekommt man natürlich die gebrüllte Feindseligkeit auch gut mit, denn insbesondere das Tor unserer Mannschaft wusste den Heimfans nicht zu gefallen. Da wir seither aber nicht mehr dorthin reisen mussten, wissen wir auch nicht, ob man da inzwischen etwas kultivierter ist.

Imposanter als so manches Spiel selbst ist aber bisweilen das Kulturprogramm rund um ein Spiel. Zielmarken neben dem Spiel setzen wir uns eigentlich immer, und sei es nur ein nettes Lokal für das Kaltgetränk nach dem Spiel. Für den geneigten Sportinteressierten sei daher in der Nähe die Besteigung der steilen Wand von Meerane empfohlen. Von der Zwickauer Straße kommend, sollte man den Aufstieg einmal ohne Fahrrad wagen, der Durst kommt dabei bestimmt. Dass uns an jenem Tag, als wir dies taten, die Polizei wegen einer Querulanten-Demo ein wenig aufhielt, sei nur am Rande erwähnt. Wir fuhren anschließend mit einem grimmigen Schmunzeln daran vorbei.

Auerbacher Vielfalt

Ein Wiedersehen mit einigen Zwickauer Anhängern hatten wir allerdings noch einmal in der Saison. Ein Nachholspiel an einem Mittwoch im Mai führte uns die sächsische Gastlichkeit eindrücklich vor Augen. Ein gut gefüllter rot-weißer Gästeblock und uns wenig wohlgesonnene Heimfans bildeten die Grundlage für das Spiel. Allerdings durften nicht wir in den Gästeblock, sondern ausschließlich Zwickauer Anhänger. Bereits am Einlass führte dies zu Diskussionen, denn Gästefans sollten zwar in den Gästeblock, allerdings nicht die Fans der Gastmannschaft. Klingt komisch, war aber so. Nach einigem Hin und Her mit dem verunsicherten Einlassdienst durften wir dann im Heimbereich unweit der Granden des Heimvereins Platz nehmen. Jubel allerdings war nicht wirklich gern gesehen, schon gar nicht für unsere Mannschaft. Dies führte sogar zu der Drohung der heimischen Vereinsführung, uns in den Gästeblock zu stecken. Sollten wir dies als Gewaltandrohung werten? Fortan umgaben uns aber einige Polizisten. Angesichts solcher „Gastfreundschaft" war natürlich der späte Sieg in der Begegnung die schönste Genugtuung, vor allem, da unsere jubelnden Spieler von allen Seiten angefeindet und angegiftet werden.

Schlussendlich war dieser Sieg aber nur eine Wegmarke in der bis heute erfolgreichsten Saison unseres Vereins. Dass wir inzwischen aber nicht mehr nach Auerbach müssen, ist gleichwohl eine angenehme Entwicklung.

Rot-Weiß in Cottbus

Dass es auch anders geht, erleben wir regelmäßig in Cottbus. Dort hat man einen Weg gefunden, mit kleineren Vereinen freundlich umzugehen. Ohne größeren Mehraufwand wird dort ein kleiner Bereich neben der Haupttribüne geöffnet, das Catering befindet sich direkt daneben und wird auch von der Heimseite genutzt. Dabei hat es sich als zielführend erwiesen, einfach den Kontakt zu den Verantwortlichen im Fanbereich zu suchen. Was anderswo kaum möglich ist, gehört dort zur Selbstverständlichkeit: Man redet miteinander und findet dann auch Lösungen. Gleichermaßen ergeht es uns zum Beispiel auch in Lichtenberg, wo wir bis heute nicht wissen, wie es sich anfühlt, in einem Käfig zu stehen. In einem solchen befinden wir uns zwar im Mommsenstadion auch, aber immerhin sind die Tore zum Heimbereich stets geöffnet. Es geht also, wenn man nur will.

Fernreise Babelsberg

Wie sehr viele Fans der Heimmannschaft, reisen auch wir gern aus Berlin hinter den Grunewald. Das liegt schon allein an den Begrüßungsgetränken durch unsere Fan-Außenstelle unweit des Bahnhofs in Babelsberg. Allein an dieser alljährlichen Begegnung lässt sich die Entwicklung unseres Stellenwertes gut ablesen. Käfighaltung und kontinuierliche Ordnerbegleitung zu Gastronomie und Toilette hatten wir schon, gänzliche Bewegungsfreiheit kennen wir inzwischen auch. Irgendwie regelte sich bisher immer alles recht schnell und weitgehend auch ohne Zutun unseres Vereins. Letzteres führte mit-

Stressfreies Auswärtsspiel für die BAK-Fans in Babelberg

unter auch schon zu größeren Unannehmlichkeiten, die wir sonst so wohl nicht unbedingt gehabt hätten. Daher ist es für uns tatsächlich immer wieder spannend, was wohl als nächstes kommt. Die richtigen Leute zu kennen, hilft aber immer.

Bautzener Eigenheiten

Manche Entwicklungen lassen sich nicht immer leicht erklären, manche Verbindungen sind nur schwer zu fassen. Ein gutes Beispiel dafür waren unsere Fahrten nach Bautzen. Einen Gästeblock hatten wir dort wohl nur am letzten und leider nur semierfolgreichen Spieltag der Saison 2015/16. Anschließend gab es bis zum Abstieg der Budissen jedoch maximal die Suche nach einem freien Platz im Heimbereich. Oft genug ging es anschließend auch gemeinsam noch zum Fanladen der Heimfans, wo man sich entspannt aufhalten konnte. Dies würde wohl bei anderen Berliner Vereinen nicht so funktionieren – wie uns auch klar vermittelt wurde. In jedem Fall verbinden wir mit Bautzen abseits gänzlich befremdlicher Nachrichten aus jener Stadt und Region einige der angenehmsten Auswärtsfahrten.

Und anderswo?

Über die Jahre hinweg haben wir zu jedem Verein, dem wir in Liga und Pokal begegnet sind, eine Meinung. Meistens positiv, manchmal aber auch negativ. Nicht selten haben sich vorher vorhandene Eindrücke und Haltungen verstärkt, andererseits freuen wir uns natürlich über jede positive Wendung und Erkenntnis.

Vorplatzverwaltung

Eigentümlichkeiten eines Vereines erkennt man immer daran, wie sich das Umfeld des Stadions gestaltet. Das Poststadion hatte mauerbedingt über Jahrzehnte hinweg eine Randlage und verkam zusehends. Ein Casino gibt es vor Ort nicht mehr und in den neu angelegten Wohnhäusern im nahen Umfeld legt man wohl eher weniger Wert auf günstige Lokale für alle sozialen Schichten.

Außenfassade der Haupttribüne nach der Restaurierung 2010

Das Wegbier vom Späti zum Stadion ist also die gängigste Methode. Dort angelangt, bot sich lange Jahre überhaupt keine direkte Option. Erst im Stadioninneren lief das Bier mehr schlecht als recht, wenn es denn überhaupt lief. Gleiches galt für den lange Jahre vor dem Stadion befindlichen Kiosk. Verwundern sollte dies nicht, es waren ja die gleichen Betreiber.

Nach und nach hat sich zumindest in den Kleinigkeiten etwas geändert. Die Versorgung wurde gänzlich auf den Stadionvorplatz verlagert, und mitunter klappt auch alles problemlos. Natürlich noch nicht immer, aber die Fortschritte der letzten Jahre sind unverkennbar. Und was machen die Fans daraus? Sie organisieren den Fan-Shop, was im Verein tatsächlich als deren natürliche Aufgabe angesehen wird. Die Freiheiten, die sich damit verbinden, haben aber auch einige Annehmlichkeiten.

Vieles was anderswo noch selbstverständlich ist, wird auch bei uns in kleinem Umfang gepflegt. Seit Jahren gibt es ein Spieltags-Programmheft nur noch von den Fans – zu jedem Heimspiel. Der Fan-Shop hat sich zum Treffpunkt entwickelt. Je nach Gastverein auch für Gästefans, die diesen Kontaktbereich zu schätzen wissen.

Mitunter und dank gewisser Freiheiten bietet dieser Anlaufpunkt lange vor und nach dem Spiel die Möglichkeit, sich auszutauschen. So klein die Fanszene nun auch sein mag, diese Entwicklung war tatsächlich sehr förderlich und es kommen auch regelmäßig neue Sympathisanten dazu.

Gelegentlich treffen wir genau dort auch auf Besucher, die wegen des Stadions zu Besuch kamen und anschließend durchaus freundschaftlich mit uns verbunden blieben. Interessanterweise kommen diese häufiger aus westlichen Bundesländern. Ob und wie lange dies in der gegenwärtigen Form aber bestehen wird und zugelassen wird, ist ebenso offen, wie die Frage, was wohl danach kommt. Wie alles beim BAK ist auch dies eine kleine Wundertüte.

Und danach? Das Spiel ist rum, wir sind erfreut, traurig oder gleichgültig – und die Vorräte neigen sich dem Ende entgegen. Es muss eine Anschlusslösung her, und natürlich gibt es Lösungen für diese Situation. Manchmal bietet ja auch das Wetter einen Anlass. Der Traum von der Wiederbelebung des ehemaligen Casinos im Stadion ist natürlich noch nicht ausgeträumt. Heute aber ist dieser Raum ausschließlich den wichtigen Funktionären sowie den Aktiven vorbehalten. Eine Begegnungsstätte für alle ist es nicht.

Also auf in die Nachbarschaft. Dort wurden inzwischen zahlreiche Lokale für würdig befunden, von uns regelmäßig besucht zu werden. Neben kulturellen Besonderheiten wird dabei vor allem Wert auf den Ausschank des richtigen und lokalen Bieres wert gelegt. Meist ist dies schon gut an der Lokalbeschilderung zu erkennen und zeichnet sich durch eine Tönung aus, die auch in unseren Vereinsfarben enthalten ist. Kommen dann noch passable Lokalnamen dazu, so erhöht sich die Besuchshäufigkeit merklich.

Der Berliner neigt ja zu Abkürzungen von Orten, so zum Beispiel bei der Kufa, dem vermutlich am nächsten zum Stadion gelegenen Lokal. Als Kulturfabrik ist es heute bekannt. Erbaut wurde der Komplex einst für die Preußische Heeresfleischerei, lieferte später aber auch „Confitüren und Cakes" und wurde dann zu „Hoffmans Keksfabrik", von der die für uns passende rot-weiße Kachelung stammt. Dann aber, und hier gibt es klare Parallelen zum Verfall des Poststadions in jener Zeit, folgten Leerstand und Verfall. Erst nach dem

Mauerfall zog dann die Kultur in ihrer ganzen Breite in das Haus ein. Der Biergarten und die Schankstube locken uns aber meist mehr als die anderen zahlreichen Angebote.

Der Klassiker im Umfeld ist für uns aber ein anderes Lokal. „Kaputter Heinrich" heißt es und lockt mit Speisen und Getränken. So manche Zusammenkunft fand dort in den vergangenen Jahren statt, und auch viele Gästefans aus allen Regionen wissen um das Lokal. Während wir im Stadion ja immer im Trockenen verweilen und dort gemütlich Feuchtigkeit oral verköstigen, sind Auswärtige nicht selten der Nässe von Oben und Drumherum ausgesetzt. So mancher verließ unser Stadion daher schon ohne Punkte und bis auf die Haut durchnässt. Ein trockenes Lokal mit erfrischen Getränken ist dann doch genau das richtige. Obgleich der Heinrich fest in Hertha-Hand zu sein scheint, ist doch jeder entspannte Fußballfan dort gern gesehen.

Ein ebenso lobenswerter wie fataler Umstand an diesem Lokal ist die gute Verkehrsanbindung. Sowohl zum Hauptbahnhof als auch in den Wedding fahren Busse. Während jene zum Bahnhof meist von unseren Neuzugängen, Gästefans und Weitgereisten genutzt werden, fahren wir im Normalfall eben in Richtung Nord-Osten. Nur vier Busstationen sind es bis zum S-Bahnhof Wedding, der uns an den Ring anschließt. Aufgrund der langen Reise bis dorthin, gilt es aber meist noch einmal über eine Stärkung nachzudenken. Glücklicherweise öffnete dort schon vor langen Jahrzehnten ein idyllisches Lokal namens Magendoktor. Auch dort sind wir seit Jahren regelmäßig und durstig anzutreffen. Man könnte sogar von Tradition sprechen. Dieses Thema braucht aber noch einige weitere Recherchen.

Wie aber steht es um die rot-weiße Zukunft? Wir reihen gerade vieles neu aneinander, versuchen der Geschichte des Vereins mehr Leben einzuhauchen und dem Klub einen auch aus Fanperspektive interessanteren Anstrich zu verleihen. Wie erfolgreich wir dabei agieren dürfen, wird die Zukunft zeigen. In jedem Fall ist der ein oder andere – anders als in früheren Zeiten – aber gekommen, um zu bleiben. Und wer uns kennt, der weiß, dass wir der angenehme BAK sind. Ab 2024 dann auch wieder in der Oberliga, wo die Auswärtsfahrten in der Regel etwas weniger zeitintensiv sind.

Hubschraubereinsatz im Januar 2021:
Installation der Flutlichtmasten im Poststadion

FC Viktoria 1889 Berlin

von Benjamin Schaller

Die alte Dame aus der Hauptstadt. Würde man in Berlin durch die Straßen laufen und einhundert zufällig ausgewählte Leute fragen, wer damit gemeint sein könnte, mindestens 99 würden wie aus der Pistole geschossen antworten: die Hertha natürlich. In der Krahmerstraße im südlichen Stadtteil Lichterfelde ist man anderer Meinung. In einem unscheinbaren Neubau in dieser Nebenstraße des Ostpreußendamms befindet sich die Geschäftsstelle von Viktoria Berlin. Betritt man den Flur, fällt einem schnell ein Wandbild mit einer vollmundigen Ansage ins Auge. „Berlins wahre alte Dame heißt Viktoria", wird dort verkündet. Seit dem Gründungsjahr 1889 sei dies schon der Fall, also drei Jahre bevor die Brüderpaare Lindner und Lorenz auf der „Hertha" über die Spree schipperten und ihren neugegründeten Fußballverein nach dem Dampfer benannten. Damals, im Jahr 1889, sammelte dem Gründungsmythos nach eine Schülergruppe Geld, um den Sedan-Tag, an dem an den deutschen Sieg über Frankreich bei der Schlacht bei Sedan erinnert wurde, mit einem privaten Feuerwerk zu feiern. Die Schlachtung des Sparschweins endete jedoch enttäuschend: Für die gewünschte Pyrotechnik reichte das Ersparte bei weitem nicht. Aber ein Lederball für dieses neuartige Spiel, das in Berlin lebende Engländer auf dem Tempelhofer Feld so oft spielten, der wäre von dem Geld doch drin. Gesagt, getan. Die Schüler fanden Gefallen am Kicken, so sehr, dass sie kurze Zeit später, am 6. Juni, ihren eigenen Verein gründeten: den FC Viktoria. Ein Jahr später taten sie sich mit einer Gruppe Cricket-Spieler zusammen, und der Verein bekam den stattlichen Namen Berliner Thorball- und Fußball-Club Viktoria von 1889. Der BTuFC gehörte in dieser Frühphase des deutschen Fußballs zu den erfolgreichsten Vereinen überhaupt. Zu den Erfolgsgrundlagen zählten Reisen nach Wien, Prag und England, wo der Fußball bereits etablierter als in Berlin war. Bei dieser Frühform des Scoutings schauten sich die Viktorianer

Spielsysteme ab, die sie nach ihrer Rückkehr mit eigenen Spielern umzusetzen versuchten.

In den 90er-Jahren des 19. Jahrhunderts gewann Viktoria fünfmal in Folge die Meisterschaft des DFB-Vorgängers DFuCB, zu der allerdings nur Berliner Vereine antraten. Von solchen regional begrenzten Meisterschaften gab es zur damaligen Zeit noch mehrere. Im Jahr 1894 hätte Viktoria gegen den FC Hanau 93 ein Entscheidungsspiel um eine gesamtdeutsche Meisterschaft austragen sollen. Die Hessen traten jedoch nicht an. Sie konnten sich die Fahrt nach Berlin schlicht nicht leisten. Viktoria wurde am grünen Tisch zum Meister erklärt. 113 Jahre später wurde das versäumte Finale dann nachgeholt: Viktoria und Hanau, mittlerweile beide in den Tiefen des Amateurfußballs angekommen, trugen in Hin- und Rückspiel einen verspäteten symbolischen Titelkampf aus, den die Berliner mit zusammengerechnet 4:1 Toren für sich entscheiden konnten. Vom erst 1900 gegründeten DFB wird die Meisterschaft zwar anerkannt, aber in der eigenen Zählweise nicht berücksichtigt. Ein Trostpflaster: Viktoria Berlin wird auf immer und ewig Rekordmeister des DFuCB bleiben.

Im Jahr 1905 eröffnete der Verein sein eigenes Stadion, den Viktoria-Platz an der Eisenacher Straße im Stadtteil Mariendorf. Die Spielstätte ging in die deutsche Fußballgeschichte als Austragungsort des ersten Heim-Länderspiels in der Geschichte der Nationalmannschaft ein. Rund 10.000 Zuschauer fasste das Stadion, für die damalige Zeit eine außergewöhnlich hohe Kapazität. Die Zuschauer kamen, und sie kamen gerne: Schließlich stand ihre Viktoria für erfolgreichen Fußball. Als „Löwe von Mariendorf" wurde die Elf wegen ihres Kampfgeistes bezeichnet. 1908 gewann sie ihre erste deutsche Meisterschaft unter Schirmherrschaft des DFB. Im Finale konnten die Stuttgarter Cickers, die sich damals tatsächlich noch mit C schrieben, 3:1 geschlagen werden. Das Endspiel wurde ausgerechnet auf dem Platz des Berliner Rivalen BFC Germania, mit dem sich Viktoria im 19. Jahrhundert einige Titelkämpfe lieferte, ausgetragen. 1911 folgte eine weitere deutsche Meisterschaft, als der VfB Leipzig in Dresden mit 3:1 besiegt wurde. Mit diesen beiden Titelgewinnen verewigte sich die Viktoria auf der Meisterschale des DFB. Ein Bild, das die Gravur in Nahaufnahme zeigt, hängt heute im Obergeschoss der

Viktoria-Geschäftsstelle. „Wir zeigen es gerne, wenn wir mit Sponsoren in Kontakt treten", sagt Rocco Teichmann, seit 2016 sportlicher Leiter des heutigen Regionalligisten. „Natürlich sind wir da stolz drauf. Aber man muss auch sagen: Mit unserem Heute hat das nichts mehr zu tun." Teichmann weiß, dass die Erfolge von anno dazumal nichts daran ändern, dass sein Klub inzwischen von so manchem traditionsbewussten Fußballfan eher kritisch gesehen wird. „Retortenvereine, die braucht kein Mensch", solche Aussagen seien keine Seltenheit.

Doch wie kommt es, dass ein Verein, der zu den ältesten Deutschlands gehört und mehr Meistertitel sammelte als so manche Traditionsklubs mit großer Anhängerschar, heute eher das Label des neureichen Emporkömmlings abbekommt? Die kurze Antwort ist: eine Fusion und Investorengeld. Für die ausführliche Antwort muss man noch etwas tiefer in Viktorias Geschichte wühlen. Die Verwerfungen und Umbrüche der beiden Weltkriege machten sich auch bei der Viktoria bemerkbar, beispielsweise im Verlust ihrer angestammten Spielstätte. Das Holz der Tribünen des Viktoria-Platzes wurde nach dem zweiten Weltkrieg verheizt,

Tribüne im Friedrich-Ebert-Stadion

die erste Männermannschaft zog ins Friedrich-Ebert-Stadion im Stadtteil Tempelhof um. Der alte Viktoria-Platz war zunächst von amerikanischen Soldaten zum Baseball-Feld umgewidmet wurden. Später kickten noch ein paar Jahre lang Jugendliche aus Viktorias Nachwuchsteams darauf, bevor er 1964 verkauft wurde, um die leeren Klubkassen zu füllen. Heute befinden sich an der Stelle des alten Stadions Tennisplätze und Wohngebäude; an die fußballhistorische Bedeutung des Ortes erinnert nur noch eine Gedenktafel der Initiative „Fußballroute Berlin". Auch sportlich neigten sich die goldenen Zeiten der Viktoria, die von 1945 bis 1947 unter dem Namen „Sportgruppe Tempelhof" antreten musste, dem Ende entgegen. Zwar gewann der Verein in den 1950er-Jahren noch zweimal die Westberliner Stadtmeisterschaft, aber die finanzielle Situation machte es dem Verein schwer, weiterhin eine schlagkräftige Truppe auf die Beine zu stellen. Die Vereinsverantwortlichen schrieben einen Brief an Real Madrid, sie baten die Königlichen um einen Berlin-Besuch, die klammen Vereinskassen sollten bei einem Freundschaftsspiel gefüllt werden. Und Real kam tatsächlich. Alfredo di Stefano, Ferenc Puskás und andere Ballzauberer des legendären weißen Balletts liefen vor 30.000 Zuschauern im Olympiastadion gegen eine aus Viktoria- und Hertha-Spielern zusammengestellte Berliner Auswahl auf. Letztendlich konnte die Stippvisite der Madrilenen aber nichts daran ändern, dass der Verein in den Folgejahren in der Bedeutungslosigkeit versank. Die Bewerbung der Viktoria um einen Startplatz in der 1963 gegründeten Fußball-Bundesliga verlief aufgrund des mangelnden sportlichen Erfolges im Sande. Viktoria verschwand von der Bildfläche, über mehrere Jahrzehnte hinweg war vom Verein nichts zu hören – mit einer Ausnahme. Ein Bericht über ein Spiel der vierten Mannschaft im April 1975 landete sogar in der Tagesschau. Politikinteressierte Spieler der Viktoria hatten die zweiten Herren der BSG Schifffahrt/Hafen Rostock nach Berlin eingeladen – das erste Freundschaftsspiel zwischen einer westdeutschen und einer ostdeutschen Mannschaft überhaupt. Bei einem gemeinschaftlichen Frühstück wurden den Gästen von der Küste Geschenktüten mit Zigaretten, Nivea-Creme und Hemden überreicht. Im Spiel selbst zeigten sich die Gastgeber weniger großzügig und schenkten den Rostockern vier Buden ein, ohne ein Gegentor zuzulassen.

In den 1970er- und 80er-Jahren pendelte der Verein zwischen Dritt- und Fünftklassigkeit; nach der Wende ging es sogar runter in die sechste Liga. Bis 2013, dem vielleicht bedeutendsten Jahr der jüngeren Vereinsgeschichte, kam der Verein nicht mehr über die fünfthöchste Spielklasse hinaus. Die Saison 2012/13 endete mit dem ersehnten Aufstieg, rechnerisch eingetütet mit einem 4:1-

Auswärtssieg am 29. Spieltag beim Lichterfelder FC Berlin – ausgerechnet! Die Lichterfelder ihrerseits stiegen sportlich zwar aus der Oberliga ab, aber auch gemeinsam mit der Viktoria auf. Kurz zuvor hatten die Mitglieder der beiden Vereine mit jeweils 88 Prozent Zustimmung die Fusion ihrer Klubs beschlossen. Die größte Jugendfußball-Abteilung Deutschlands (der LFC hatte über 40 Nachwuchsmannschaften) unter einem Dach mit dem großen, traditionsreichen Namen der Viktoria. Das Ziel der gemeinsamen Sache: Hinter Hertha BSC und Union wollte sich der FC Viktoria 1889 Berlin Lichterfelde-Tempelhof e. V., so der vollständige Name des neuen Vereins, als dritte Kraft in der Hauptstadt etablieren. Die himmelblaue Farbe des neuen Fusionsklubs wurde ebenfalls vom BFC Viktoria übernommen, lediglich ein roter Streifen oberhalb des Schildes erinnert im Logo noch an die LFC-Farben. Als neues Stadion wurde jedoch das Stadion Lichterfelde, bisherige Heimspielstätte des Fusionspartners, benannt. In der Regionalliga konnte sich Viktoria schnell im Mittelfeld etablieren. Weder geriet der Klub in Abstiegsgefahr, noch konnte ein schneller Aufstieg anvisiert werden.

Mit der Beschaulichkeit am neuen Standort in Lichterfelde war es jedoch vorbei, als während der Saison 2017/18 eine formlose E-Mail

Stadion Lichterfelde

ins Postfach der Geschäftsstelle eintrudelte. Eine Vermittlerin des chinesischen Milliardärs Alex Zheng meldete sich. Herr Zheng und sein Unternehmen, die „Advantage Sports Union" (ASU), hätten großes Interesse, beim Verein einzusteigen, hieß es in der Mail. Investitionen in zweistelliger Millionenhöhe standen plötzlich im Raum. Im Verein dachte man sich: Jackpot! Es folgten mehrere Treffen, Alex Zheng kam auch selbst in Lichterfelde vorbei und schaute sich ein Spiel an. Im Mai 2018 wurde die Zusammenarbeit offiziell bekanntgegeben. Die Vereinsmitglieder stimmten mit einer Mehrheit von 97,5 Prozent für die Ausgliederung der ersten Männermannschaft in eine GmbH. Der Aufstieg in die 3. Liga war das Ziel. Zumindest kurzfristig. Auf lange Sicht wollte man noch höher hinaus. Was sollte schon schiefgehen? Die Konkurrenz reagierte zunächst unbeeindruckt. Schlaflose Nächte bereite ihm das nicht, ließ Volkan Uluc, der damalige Trainer von Wacker Nordhausen, verlauten. Er könne das nicht nachvollziehen, sagte Norbert Uhlig, Präsident des BFC Dynamo. In seinem Verein werde man jedenfalls weiter solide wirtschaften und sich nicht verschulden. Und Heiko Scholz, der damals Lok Leipzig trainierte, zog im Gespräch mit dem MDR so richtig vom Leder: Viktoria habe kein Fanpotenzial, die hätten eigentlich gar nichts. Ihn jucke das nicht.

Im Sommer 2018 verpasste die Viktoria ihrem Kader ein kräftiges Upgrade. Sportdirektor Rocco Teichmann verpflichtete Neuzugänge wie Jürgen Gjasula, Petar Slišković und Christoph Menz. Kicker, die schon in höheren Ligen ihre Qualitäten unter Beweis gestellt hatten. Und die auch dementsprechend verdienten. Die Mannschaft schlug sich nicht schlecht und stand in der oberen Tabellenhälfte, aber ein sofortiger Aufstieg war illusorisch. Alex Zheng hatte sich offenbar vorgestellt, dass alles viel schneller gehen würde. Die Kommunikation zwischen der Vereinsführung und dem chinesischen Geldgeber wurde schwierig. „Vielleicht lag es an der sprachlichen Barriere, vielleicht an der zeitlichen Barriere mit der Zeitverschiebung nach China", mutmaßt Rocco Teichmann. Nach nicht einmal einem halben Jahr wurden die Zahlungen eingestellt. Einen offiziellen Grund haben sie bei Viktoria nie erfahren, ohnehin haben sie von Alex Zheng kein Wort mehr gehört. Im Winter wurde ein Großteil der teuren

Spieler wieder abgegeben, aber es half nichts: Im Dezember 2018 stellte die FC Viktoria 1889 Berlin Fußball GmbH beim Amtsgericht Charlottenburg einen Insolvenzantrag. „Es war ein mutiger und riskanter Weg, den wir gegangen sind", sagt Rocco Teichmann. „Aber wir haben uns nie damit auseinandergesetzt, dass es so in die Hose gehen könnte." In dieser Zeit habe sich für Teichmann aber auch gezeigt, dass ein Fußballverein wie eine Art Familie sein kann.

Rocco Teichmann

„Unsere aktiven Mitglieder haben den Verein auch in der Insolvenz unterstützt. Sie sind nicht einfach abgehauen, auch wenn wir Fehler gemacht haben." Trotz eines Abzugs von neun Punkten und dem Aderlass im Kader gelang ein souveräner Klassenerhalt. Und schon bald wurden neue Geldgeber vorstellig. Die Hamburger Unternehmer-Brüder Zeljko und Tomislav Karajica stiegen bei Viktoria ein. Der Name Karajica ist im deutschen Sport durchaus kein Unbekannter, Tomislav ist Hauptgesellschafter des Basketball-Bundesligisten Hamburg Towers. Federführender Gesellschafter bei Viktoria ist allerdings Zeljko. „Manche nennen es Mäzen oder wie auch immer, wir nennen uns Gesellschafter, weil wir es wie eine Unternehmung sehen", sagte er in einer Sportschau-Doku über die Himmelblauen. Im Spielbetrieb der Regionalliga pendelte sich Viktoria nach der überstandenen Insolvenz erneut im soliden Mittelfeld ein. Nach den turbulenten Zeiten tat die Langeweile fast gut. Die aufkeimende Corona-Pandemie sorgte ohnehin für genug Turbulenzen. Die Regionalliga-Spielzeit 2019/20 war zu zwei Dritteln gespielt, als sie zunächst unter- und schlussendlich abgebrochen wurde. In der Abschlusstabelle, die per Quotientenregel ermittelt wurde, belegten die Himmelblauen den achten Tabellenplatz. Von der nachfolgenden Saison wurde pandemiebedingt gerade einmal ein Drittel geschafft. Elf Spiele konnte Viktoria Berlin bis November 2020 absolvieren –

ohne jeden Punktverlust. Im darauffolgenden März dann die Entscheidung: Die Saison wurde nicht weiter fortgesetzt, und Viktoria zum Aufsteiger erklärt. Nur etwa zwei Jahre nach der Insolvenz war der Verein plötzlich doch am Ziel. Dritte Liga, Berlins Nummer drei.

Da das Stadion Lichterfelde für die dritte Liga zu klein ist, zog die erste Mannschaft wieder einmal um. Ab sofort sollte die kleine Fangruppe der Himmelblauen für Heimspiele in den Friedrich-Ludwig-Jahn-Sportpark in Prenzlauer Berg pilgern. Viktoria war angekommen im Herzen Berlins. Aber noch nicht so recht in den Herzen der Berliner. Bei Spielen gegen die neuen, traditionsreichen Kontrahenten wie Kaiserslautern, Magdeburg oder 1860 München waren die Viktoria-Fans gegenüber den Gästeanhängern deutlich in der Unterzahl. Das mag auch daran liegen, dass der Drittliga-Aufstieg für zahlreiche Zugezogene eine willkommene Gelegenheit war, den Herzensverein ihrer Heimat einmal vor der Haustür in Berlin spielen zu sehen. Beim Heimspiel gegen den VfL Osnabrück stimmten Gästefans sogar Wechselgesänge zwischen dem Auswärtsblock und der Gegengerade an. 1946 Zuschauer besuchten die Drittliga-Heimspiele der Himmelblauen im Schnitt. Das war zwar eine deutliche Steigerung zu den Regionalliga-Spielzeiten, im Drittliga-Gesamtvergleich lag Viktoria aber im unteren Viertel. Sportlich ließ sich das himmelblaue Drittligajahr knapp zusammenfassen: Stark angefangen, stark nachgelassen. Die ersten drei Saisonspiele konnte Viktoria allesamt gewinnen, darunter zwei beeindruckende 4:0-Siege gegen die späteren Aufsteiger Braunschweig und Kaiserslautern. Doch irgendwann schien die Luft raus. Im Kalenderjahr 2022 dauerte es bis zum April, bis der erste Punktspielsieg gelang. Auch ein Trainerwechsel brachte nicht die erhoffte Wende. Im Schlussspurt fing sich das Team zwar und punktete wieder häufiger, unterm Strich stand trotzdem der Abstieg nach nur einem Jahr im Profifußball. Die Macher der bereits angesprochenen Sportschau-Doku begleiteten das Team. Einer der am häufigsten gezeigten Protagonisten war der Mannschaftsleiter Gerhard König, ein echtes Urgestein, seit 1959 im Verein. Wenn man ihm zusieht, wie er während der Spiele schluchzte, vor Freude quiekte, bangte, jauchzte und litt, braucht man wohl ein Herz aus Stein, um nicht mit ihm und der Viktoria mitzufiebern. Wie kann man

Vorübergehende Heimspielstätte im Friedrich-Ludwig-Jahn-Sportpark

einen Klub, in dem solche Typen zu Hause sind, als Retortenverein abstempeln?

Dann ist da aber auch Gesellschafter Zeljko Karajica, der ungern über Geld redet, dem dafür aber so manche Business-Vokabel über die Zunge geht. „Ob wir über Sponsoring reden, Brand Building, Social Media, es gibt ja mehr im Fußball als die 90 Minuten", sagte er zum Beispiel. Er versuche, bei seinem Engagement neue Ansätze zu verfolgen. „Viktoria ist urban, Viktoria lebt, Viktoria ist multikulturell. Co-working, digital, das ist im Prinzip das Motto. Das versuchen wir jetzt bei Viktoria von der Pike an aufzubauen." Für so manchen Fußball-Romantiker, der eigentlich nur mit Bier und Bratwurst sein Lieblingsteam kicken sehen und hin und wieder den Schiri anpöbeln möchte, mag eine solche Verschmelzung von Vereinsführung und Start-up-Mentalität befremdlich wirken. Doch auch Sportdirektor Rocco Teichmann sagt von sich, er sei kein Traditionalist. Keiner, der beispielsweise RB Leipzig verurteile. Die Gesellschaft wandle sich eben. Und mit ihr der Sport. „Es bringt doch auch nichts, zu sagen: Wir haben nur noch unsere Traditionsvereine und bemitleiden uns alle gegenseitig", sagt er. Und wenn dann einer sage, Viktoria sei ein Retortenverein, „dann wird der schon seine Gründe für haben."

Teichmann selbst konzentriert sich lieber auf andere Fragen. Beispielsweise, wie Viktoria den Spagat zwischen Breiten- und Spitzensport schaffen kann. Einerseits wollen die Himmelblauen, die mit über 60 Teams weiterhin Deutschlands größte Fußballabteilung stellen, ein Verein für alle sein. Gleichzeitig gibt es aber trotz des Drittliga-Abstiegs weiterhin die Ambition, sich als dritte Kraft in der Hauptstadt zu etablieren. Teilweise führe das zu Konkurrenzsituationen innerhalb des Vereins, wenn es zum Beispiel darum gehe, welche Mannschaft wann welchen Platz bekommt, schildert Rocco Teichmann. Gleichzeitig helfe das breite Fundament natürlich für das langfristige Konzept, auf junge, im Verein verwurzelte Spieler zu setzen. Spieler wie Tobias Gunte: in Berlin geboren, beim Lichterfelder FC die ersten Schritte gemacht, nach der Fusion bei Viktoria bis in die erste Mannschaft gekommen und schließlich eine feste Größe im Drittligateam gewesen. „Der kennt keinen anderen Verein", sagt Teichmann. Der Regelfall werde eine solche Vereinstreue aber wahrscheinlich nicht. Dennoch: Der Verein als Plattform, wo man sich in Ruhe weiterentwickeln, dabei auch mal Fehler machen kann, so sieht Teichmann die Rolle von Viktoria. Das gelte übrigens nicht nur für Spieler. Ein Athletiktrainer von Viktoria schaffte im Sommer 2022 den Aufstieg zu Borussia Mönchengladbach, ein Physiotherapeut kam bei Hoffenheim unter.

Mit dem Weg, Spitzenpersonal lieber selbst auszubilden als extern zu verpflichten, will sich Viktoria nun erneut in der Regionalliga konsolidieren. Im Januar 2023 ging man dabei auch den Schritt aus dem überdimensionierten Friedrich-Ludwig-Jahn-Sportpark zurück ins Stadion Lichterfelde. Alles erst einmal wieder eine Nummer kleiner. „Wir brauchen noch unsere Zeit. Wir entwickeln uns gerade erst und müssen erst mal ein vernünftiges Fundament bauen", sagte Gesellschafter Karajica in der Sportschau-Doku und deutete damit schon einmal an, dass ihm, anders als Alex Zheng, nicht so schnell die Geduld ausgehen wird. Aber klar ist auch: Perspektivisch soll mit Viktoria wieder zu rechnen sein. Rocco Teichmann sieht das ähnlich: „Unsere Bühne wird erst einmal die Regionalliga sein. Aber dass wir in der dritten Liga waren, das war kein Zufall. Das ist unser Anspruch." Die Möglichkeit, sich dauerhaft oberhalb der Regionalliga

Berliner Landespokalsieger 2014

als Hauptstadtklub Nummer drei zu etablieren, traue er jedenfalls
nur Viktoria zu. Im Sommer 2023 wurde Teichmann vom Sportdirektor zum Geschäftsführer befördert.

Beim Frauenfußball könnte Viktoria in nicht allzu ferner Zukunft
gar die Nummer 1 in Berlin werden. Eine Gruppe bekannter Frauen
stieg als Investorinnen in das Frauen-Team ein, darunter die frühere
Nationalspielerin Ariane Hingst, Schwimmweltmeisterin Franziska
van Almsick, Komikerin Carolin Kebekus, die Unternehmerin Lea-
Sophie Cramer und viele weitere. Vorbild ist der Angel City FC in
Los Angeles. „Ich hätte nicht das Netzwerk, um im Frauenfußball
etwas aufzubauen. Damit kennen sich die Investorinnen besser aus",
sagt Rocco Teichmann. Zwar mache die Frauenabteilung nun relativ
abgekapselt vom Gesamtverein ihr eigenes Ding, trotzdem sei es
wichtig, miteinander im Gespräch zu bleiben und auch mögliche
Synergien zu schaffen. Wieder einmal gibt es also ambitionierte Pläne
und verheißungsvolle Träume im Umfeld des FC Viktoria 1889 Berlin. Im Kern bleibe man aber ein Verein, der mit seinen Baustellen
klarkommen muss, sagt Rocco Teichmann. Nur schaue man dabei
lieber nach vorne als nach hinten.

Sp.Vg. Blau-Weiß 90 Berlin

Marco Bertram im Gespräch mit Andreas Thome

Mit Blau-Weiß 90 Berlin durch die Bundesliga-Saison 1986/87

Marco: Moin Andreas, wie kamst du einst zur Sportlichen Vereinigung Blau-Weiß 90 Berlin? Und wie erlebtest du damals den Aufstieg im Frühjahr 1986 und die legendäre Erstliga-Saison 1986/87?

Andreas: Tja, wie kommt man zu Blau-Weiß? In den 70er Jahren und Anfang der 80er sind alle zu Hertha gegangen. Oder auch zu TeBe. Aber dann hatte sich Anfang der 80er Jahre in Berlin doch einiges geändert. Tennis Borussia ist 1981 nach dem Abstieg aus der 2. Bundesliga Nord aus dem bezahlten Fußball verschwunden. Zuvor waren sie jahrelang in der zweiten Liga und zwei Jahre sogar in der 1. Bundesliga. Und auch bei Hertha lief es nicht mehr rund. Bei diesem Rumgegurke bei Hertha kam dann die Idee: Gehen wir doch auch mal woanders hin! In der Saison 1983/84 sind wir dann zum SC Charlottenburg ins Mommsenstadion gegangen, die waren überraschend in die 2. Bundesliga aufgestiegen. Leider hatte es der SCC nicht geschafft drin zu bleiben, und da wollten wir mal alternativ schauen, wie es weitergeht. Und dann kam Blau-Weiß 90. Die wurden 1983/84 Meister der Oberliga Berlin. Ein Kumpel meinte dann, ach komm, gucken wir mal dort vorbei. Und dann sind wir hin zur Aufstiegsrunde gegen Lurup, Gütersloh, Bocholt und St. Pauli. Meine spätere Verbundenheit zu Blau-Weiß beruht auch auf der Tatsache, dass ich im St. Joseph-Krankenhaus in Tempelhof geboren bin. Als Kleinkind hatte ich auch dort in Tempelhof gelebt, und ich sagte mir, hey, hier sind doch meine Wurzeln. Und was soll man sagen? Blau-Weiß 90 spielte offensiv und sehr herzerfrischend. Hinzu kam, dass viele Berliner in der Mannschaft spielten, die von westdeutschen Spielern ergänzt wurden. Dabei waren auch einige, die im Jahr zuvor mit dem SCC abgestiegen waren. Mit dieser Mannschaft konnte man sich wirklich identifizieren. Es wurden nicht – wie woanders – abge-

nutzte Profis geholt, sondern neue Talente. Die besagte Aufstiegsrunde fand im Mommsenstadion statt. Im Olympiastadion hätten
sich ja die paar tausend Zuschauer verlaufen. Blau-Weiß hatte gemeinsam mit St. Pauli die Aufstiegsrunde gepackt – und plötzlich
spielte Blau-Weiß 90 in der 2. Bundesliga.

Bereits in den 70er Jahren hatte Blau-Weiß 90 die Chance in die
2. Bundesliga Nord aufzusteigen, doch wurde darauf verzichtet.
Dafür sind dann andere Berliner Vereine aufgestiegen, wie Wacker 04
und der Spandauer SV. In West-Berlin gab es ja kaum Stadien, und
somit musste man ins Olympiastadion umziehen. Das Mommsenstadion wurde ja bereits durch TeBe und den SCC belegt. Noch ein
dritter Verein – das ging auf Dauer nicht. Anfang der Saison lief es
bei Blau-Weiß ganz schlecht. Die hatten ja noch den alten Trainer
gehabt, bis Bernd Hoss kam. Es kamen meist 2.000 bis 3.000 in das
weite Rund, und zu jenem Zeitpunkt hatte sich die erste Fanszene
entwickelt. Mit zirka 20 Leuten wurde der erste Fanclub gegründet,
und am Oberring an das Geländer aufgelehnt und das „Heja Blau-
Weiß!" gerufen. Und klar, vorher hatte Blau-Weiß in der Oberliga ja
gar keine Fanszene. Es kamen teils Leute, die vorher zu TeBe und
auch zum SCC gingen. Auf jeden Fall waren es alles Leute, die par-
tout nicht zu Hertha BSC gehen wollten. Aus welchen Gründen auch
immer. Antipathie oder halt einfach keinen Bock. Die erste Zweitligasaison war nicht so mega interessant. Es gab den Trainerwechsel
und es wurde im Tabellenmittelfeld gespielt. Man ging halt mal hin,
hatte sich das angeguckt und im Programmheft gab es immer so
einen Coupon für einen Hamburger. Den konnte man sich aus-
schneiden und den haben wir nach dem Spiel immer gern mitge-
nommen. Das war wirklich noch locker Fußball gucken. Ohne Stress
und Randale. Spannend wurde die zweite Zweitligasaison. Erstmalig
spielten drei Berliner Vereine in dieser Liga: Hertha, Blau-Weiß und
als Aufsteiger kam noch Tennis Borussia dazu. TeBe hatte es als
Aufsteiger natürlich schwer gehabt, und dann kam das legendäre 4:0
bei Tennis Borussia. Gegen Hertha wurde zweimal unentschieden
gespielt. Blau-Weiß hatte sich punktuell mit Talenten gut verstärkt
und eine sehr gute Serie gehabt. Mit Leo Bunk wurde sogar der

Zweitliga-Torjäger gestellt. Je länger die Saison lief, desto besser wurde die Mannschaft.

Parallel dazu rückten Hertha und TeBe stetig gen Tabellenende. Blau-Weiß war auf Aufstiegskurs, und der Fanblock wurde dementsprechend immer größer. Dann kam das Spiel gegen Homburg, bei dem die Sparkasse 50.000 Karten gesponsert hatte. Rund 60.000 kamen dann auch ins Stadion – mehr als später in der 1. Liga. Das 0:2 am 22. April 1986 war bislang die einzige Heimniederlage in der Rückrunde. Am Ende gab es aber das große Wunder. Gemeinsam mit Homburg ging es hoch in die 1. Bundesliga. Als Dritter musste Fortuna Köln in die Relegation. Und ja, das war wirklich ein kleines Wunder. Vor der Saison wurde nicht etwa gesagt: Ihr müsst unbedingt aufsteigen! Das Ziel, vor den Berliner Kontrahenten zu stehen, wurde aber locker geschafft. Und das, obwohl die Derbys gegen Hertha ausgeglichen waren. Am letzten Spieltag wurde gegen TeBe mit 1:2 verloren, doch waren da noch alle von der Aufstiegsfeier besoffen. Drei Tage zuvor wurde bei Hessen Kassel der Aufstieg festgemacht.

Schon 1986 traten wir dem 1. Blau-Weiß 90 Fanclub bei. Die Sitzungen waren immer hier im Wedding. Ich war damals im 19. Lebensjahr und kickte parallel in einer Fußballmannschaft. Zu Blau-Weiß bin ich dann fortan auch öfters auswärts mitgefahren.

Freikarte für junge Sparkassenkunden und deren Begleitung

Braunschweig war in der Zweitligasaison 85/86 mein erstes Auswärtsspiel. Dort hatten wir 1:0 gewonnen und ein wenig Ärger mit den Braunschweigern…

Kurze Zwischenfrage. Wie viele sind denn damals überhaupt mitgefahren?

Ein Bus voll. Besser gesagt, ein Bus plus ein paar Pkw und dazu ein paar mit der Bahn. Am Ende der Zweitliga-Saison 1985/86, als wir ganz oben mitgespielt haben, ist immer ein Bus gefahren – außer bei Freitagsspielen. Am vorletzten Spieltag ging es auswärts nach Kassel. Donnerstag, 8. Mai 1986. Hessen Kassel hatte noch Chancen Dritter zu werden und somit in die Relegation zu kommen. Die hatten es jahrelang versucht und wollten unbedingt hoch in die 1. Bundesliga. Volle Hütte. Rund 13.000 waren im Auestadion. Wir fuhren mit zwei Bussen nach Kassel. Leider saß ich im doofen Bus drin, der nicht mehr die Berge hochkam. Somit kamen wir erst später an – da stand es bereits 1:0 für Blau-Weiß. Unterstützung bekamen wir von den Hannoveraner Füchsen, mit denen wir befreundet waren. Ein Unentschieden reichte an diesem Abend, und der Kasseler Ausgleich erfolgte in der 88. Minute. Zwei, drei Minuten mussten noch über die Zeit gebracht werden, und dann war die Sensation perfekt. Berlin hatte wieder einen Erstligisten! Das letzte Mal war Hertha 1982/83 erstklassig. Drei bittere Jahre lang war Berlin gar nicht in der ersten Liga vertreten. Wir haben natürlich kräftig gefeiert und die Spieler kamen in die Kurve. Ein paar Tage später war dann die offizielle Aufstiegsfeier gegen Tennis Borussia. Knapp 20.000 kamen ins Olympiastadion, obwohl es sportlich um nichts mehr ging. Blau-Weiß 90 wurde damals durch alle Sportredaktionen herumgereicht, und dann gab es ja noch diesen legendären Auftritt im Aktuellen Sportstudio, wo alles mit dem Blau-Weiß-Emblem voll hing. Hätte vor der Saison einer gesagt, dass Blau-Weiß aufsteigt, hätte man wohl nur lachend abgewunken. Es hatte wirklich niemand mit gerechnet. Schließlich waren keine Stars in der Mannschaft. Gut, ein paar Spieler hatten bereits Erstligaerfahrung. So wie Reinhard Mager, der zuvor beim VfL Bochum im Tor stand. Die meisten waren aber klassische Zweitligaspieler. Dazu die Talente aus Berlin. Jörg Gaedke zum

Zu Gast im Südweststadion Ludwigshafen vor dem 2:2 bei Waldhof
Mannheim, Oktober 1986

Beispiel. Und Holger Gehrke, damals der zweite Torwart. Es war aber klar, es mussten Verstärkungen kommen. Allerdings kamen diese nicht. Bis auf Horst Feilzer aus Uerdingen, der Bundesliga- und Europapokal-Erfahrung mitbrachte. Dann hatte man noch einen türkischen Nationalspieler und ein Talent aus Augsburg an die Spree geholt. Und zwar Karl-Heinz Riedle für 10.000 Mark. Hinzu kamen noch ein paar Berliner Talente. Grundsätzlich hatte man auf den Kader vertraut, der aufgestiegen war. Im Nachhinein hatte sich dies als Fehler erwiesen, da die Mannschaft nicht stark genug war. Man hatte dann zwar noch mit dem belgischen Nationalspieler René Vandereycken nachgerüstet, der im EM-Finale 1980 stand und das Tor gegen Deutschland gemacht hatte, doch sollte es am Ende nicht reichen. Immerhin: Karl-Heinz Riedle als unbekannte, preiswerte Neuverpflichtung wurde zum Stammspieler mit Torjägerinstinkt, der dann allerdings nach der Saison für einen Millionenbetrag wieder verkauft wurde.

Es war in jener Saison klar: Es ging ums Überleben, um den Nicht-Abstieg. Vom Sportlichen her konnte man mit all den großen Vereinen wie Werder Bremen, Bayern München, Hamburger SV, Mönchengladbach und Kaiserslautern einfach nicht mithalten. Anfangs waren die Zuschauer in der Hinrunde hungrig auf Bundesligafußball. Obwohl man von Beginn an gegen den Abstieg gespielt hatte, lag der Zuschauerschnitt bei 21.000. Und das, obwohl das Olympiastadion nicht ein einziges Mal ausverkauft war. Die größte Kulisse von 47.000 gab es gegen Werder Bremen. Nicht mal gegen die Bayern wurde es ganz voll. Bremen war damals wirklich eine Hausnummer. Mitte der 80er genoss dieser Verein viel Sympathie. Rudi Völler spielte damals dort mit. Man darf natürlich nicht vergessen, es gab als Einzugsgebiet nur West-Berlin. Ringsherum war die Mauer. Das kann man nicht mit heute vergleichen. Wir haben natürlich ab und an auch drüben mal was angeguckt in Ost-Berlin. Und ja, es kamen auch mal Leute aus dem Bundesgebiet zu uns. West-Berlin hatte als einzige Stadt durchgehend geöffnet. Das war für die Leute natürlich klasse. Am Samstagnachmittag Fußball gucken – Platz war ja genug da im Olympiastadion – und abends konnte man lustig um die Häuser ziehen.

Das mit dem „durchgehend geöffnet" musst Du noch mal genauer erläutern. Die Kneipen hatten die ganze Nacht durchgängig auf?

Richtig! Es gab in West-Berlin keine Sperrstunde. Im gesamten Bundesgebiet gab es eine Sperrstunde, nur bei uns konnte man die ganze Nacht über was trinken gehen. Ganz sicher bin ich mir nicht, wie das etwa in Hamburg St. Pauli war. Gut möglich, dass es dort auch eine Ausnahme gab. In West-Berlin musstest du nicht zur Bundeswehr und konntest die ganze Nacht lang feiern. Die Anreise war natürlich nicht ganz ohne. Reguläre Flugverbindungen der Lufthansa nach West-Berlin gab es keine. Nur die Alliierten durften Tempelhof oder Tegel anfliegen. Somit war man immer auf die Flüge von Air France und PanAm angewiesen. Die damaligen Zugverbindungen waren auch kein Vergleich zu heute. Aktuell kannst du stündlich nach Hamburg fahren. Ein Traum. Damals ist die Bahn am Tag dreimal nach Hamburg gefahren und zweimal nach München. Mit dem Auto bei Tempo 100 durch die DDR zu fahren war auch kein Vergnügen.

Ein weiteres Problem für uns: Fast die Hälfte der Auswärtsspiele von Blau-Weiß 90 Berlin fand freitags oder unter der Woche statt. Echt ein Unding! Wirklich die Hälfte der Spiele. Wer seine Mannschaft auswärts supporten wollte, musste einen ganzen Tag frei nehmen. Freitag in Dortmund, Nürnberg, Frankfurt und Mittwoch in Stuttgart. Wer nimmt sich denn da frei? Ich habe wenigstens die andere Hälfte der Auswärtsspiele sehen können. Bis auf ein, zwei Spiele. Ich war in Homburg, Kaiserslautern, Gladbach, Uerdingen, beim HSV, in Mannheim bzw. in Ludwigshafen, wo Waldhof damals gespielt hatte. Von den ganzen Freitagsspielen hatte Blau-Weiß auch fast alle verloren. Nur in Frankfurt konnte gewonnen werden. Wir sind nachts am Palais am Funkturm vor dem SFB-Haus mit dem Bus los. Ab mit 80 Sachen durch die Transitzone. Zwei Grenzkontrollen. Vormittags war man dann in der jeweiligen Stadt. Dort konnte man sich etwas anschauen oder halt die Kneipen erkunden. Es hatte immer Spaß gemacht und es gab eigentlich auch nie Ärger. Man wurde zwar manchmal ein bisschen bedrängt – Köln war zum Beispiel nicht so nett – aber das ging schon. Meist war man auswärts mit einer Truppe von 100 Leuten vor Ort, und die konnte man in der Regel ganz gut schützen. Besser als wenn sich mehr Fans verteilen. Die haben dafür gesorgt, dass wir vom Bus zum Stadion und auch wieder heil zurückkamen. Manchmal befand sich natürlich ringsherum der Pulk und es flogen auch mal Sachen.

Das erste Auswärtsspiel von Blau-Weiß 90 in der 1. Bundesliga war das bei Bayer 05 Uerdingen in der Grotenburg. So, wir kommen da an und der Bus wurde vorher angemeldet. Wir standen gut bewacht auf dem Busparkplatz, da kam keiner ran. Zumal Uerdingen nicht gerade für ein großes Gewaltpotential bekannt war. Die Ankunft hatte es trotzdem in sich. Wir betraten Krefelder Boden und schon hieß es: Arme hoch! Durchsuchung! Sie haben jeden Einzelnen aus dem Bus untersucht, und das waren meist ganz normale Leute. Als alle draußen waren, wurde auch der Bus durchsucht. Zu jener Zeit gab es generell viel Ärger. Dass man in Krefeld ganz besonders penibel war, konnte man nicht mal übel nehmen. Ein paar Wochen zuvor gab es diese Intertoto-Runde. Der Zufall wollte es, dass es in jener ein deutsch-deutsches Spiel gab. Der 1. FC Union Berlin war zu Gast in Uerdingen, und natürlich waren dort keine Union-Fans aus der DDR zu Gast. Allerdings war man damals ganz gut mit Hertha verknüpft, und somit gab es dort mächtig Bambule. Ganz klar, Berlin war einfach ein gebranntes Kind. Hertha-Frösche und so weiter. Wenn Berliner kamen, schrillten immer gleich die Alarmglocken. Als sie dann allerdings uns gesehen haben, hatte man wahrscheinlich nur noch milde gelächelt. Maximal hundert Leute. Keine Gewalttäter dabei. Ganz normale Fans, keine Hooligan-Szene.

Für uns war die größere Herausforderung, an der Grenze die Schnauze zu halten. Nicht irgendeinen blöden Spruch machen. „Sie fahren weiter durch Deutschland", stand auf Schildern, je näher man der Zonengrenze kam. Wenn man da einen doofen Spruch machte, ließen sie einen halt zwei Stunden stehen. Darum war das immer so eine Sache. Manchmal hatte man versucht, die Begegnung mit den Grenzpolizisten ein wenig aufzulockern. „Na, wie hat denn Union gespielt?" oder „Wie läuft's denn gerade beim BFC?" Manchmal hat man sogar eine Antwort bekommen. In der Regel waren sie aber sehr, sehr ungesprächig. Wir waren halt der Klassenfeind, und die Leute, die dort an der Grenze arbeiteten, waren nun mal Personen, die hinter dem System standen. Wenn man den ganzen Tag unterwegs war, wollte man natürlich einfach nur schnell durch und fix nach Hause. Am nächsten Tag war man dann wieder daheim, und manchmal sind wir in Berlin noch weitergezogen. Es gab endlose Nächte und endlose Diskussionen, ob Blau-Weiß womöglich noch die Bundesliga halten kann. Tja, so kann man ein Wochenende verbringen.

Mit dem Zug seid Ihr aber auswärts nie gefahren, oder? Alles mit dem Bus?

In der 1. Bundesliga sind wir nur mit dem Bus gefahren, weil die Bahnverbindungen schlecht waren und das Ganze einfach zu teuer. Es gab damals keine Super-Spar-Tarife. Da hatte sich ein Bus immer gelohnt; der war ja auch immer voll mit bis zu 50 Fans. Später dann in der zweiten Liga – nach dem einen Erstliga-Jahr folgten noch fünf Jahre in der 2. Bundesliga – da sind wir auch mal öfters mit der Bahn gefahren. Beliebt waren auch Kleinbusse. Einer hatte 'nen Führerschein und die anderen hinten rein. Diese Kleinbusse waren damals recht günstig zu mieten. Was die Erstligasaison betrifft, so lebte die Hoffnung bis zuletzt. Im Prinzip ist erst am vorletzten Spieltag die

Erstes Auswärtsspiel in der 1. Bundesliga gegen Uerdingen in der Grotenburg

Entscheidung gefallen, als wir beim HSV mit 1:2 verloren hatten. In der 78. Minute erzielte Wolfgang Schüler für uns den Ausgleichstreffer, nur zwei Minuten später machte Peter Lux das 2:1 für die Hamburger. Damit war für uns die Bundesligazeit beendet gewesen. Wir waren abgestiegen. Ich hatte dann gedacht, dass es wieder Zweitliga-Derbys geben könnte. Der Berliner Meister nahm ja an der Aufstiegsrunde zur 2. Bundesliga teil. Allerdings überstand Hertha BSC die Aufstiegsrunde nicht und musste BVL 08 Remscheid und dem SV Meppen den Vortritt lassen. Blau-Weiß durfte somit noch ein Jahr konkurrenzlos in der 2. Liga spielen und Berlin alleine vertreten. Das muss man sich mal vorstellen, zwei Jahre lang hatte Blau-Weiß 90 das Monopol in Berlin. Das Problem war, dass es für uns nur diese riesige Schüssel Olympiastadion gab. Das Poststadion war damals eine Ruine, und das zweitligataugliche Mommsenstadion wurde von TeBe und SCC belegt. Andere potentielle Spielstätten waren vom DFB nicht zugelassen. So war das gewesen.

Wo genau war eigentlich euer Plätzchen im Berliner Olympiastadion?

Am Anfang waren wir nur eine kleine Gruppe im Oberring. Dann waren wir im Block P zu finden. Der befindet sich auf der Ostkurven-Seite, es ist der letzte Block vor Unterring Mitte. Man darf ja auch

nicht vergessen, damals fuhr nur die U-Bahn zum Berliner Olympiastadion. Und zwar die berühmte Linie U1. Die fuhr damals von Ruh-
leben bis zum Schlesischen Tor. Vom Bahnhof Zoo fuhr damals noch
ein Bus die Heerstraße hoch, das war's dann auch schon gewesen. Bei
40.000 Leuten war das wirklich ein „Vergnügen". Wer den U-
Bahnhof Olympiastadion kennt, der weiß, wie das ausgesehen hatte.
Da war oft was abgesperrt und es kam zu großen Staus und Gedrän-
ge. Es waren merkwürdige Zeiten. Und wenn's stark regnete, sind
wir rüber in den Oberring Mitte. Dort war das alte Dach zu finden,
das einen halbwegs trocken hielt. Das Gute damals: Für den Ein-
trittspreis durfte man Oberring gesamt und im Unterrang Kurve
überall sitzen. Damals gab es nur durchgehende Bänke, die zwar
nummeriert waren, aber auf den Eintrittskarten stand nur drauf:
Oberring komplett oder Unterring Kurve. Freie Platzwahl. Das war
super, ist aber halt längst vorbei.

In der Ostkurve gab es damals doch diese alte verrauchte Kneipe, oder? Ich
kann mich an diese ganz dunkel erinnern, als ich Anfang der 90er die ersten
Male zu den Heimspielen von Hertha ging.

Ja, da gab es die Gastronomie. Ich glaube, die befand sich in Block A.
Das war der Block, wo früher die Hertha-Frösche drin waren. Diese
Kneipe war aber nicht relevant für uns. In den 80er Jahren sah es in
Sachen Verpflegung wie folgt aus: Im Stadion gab es nur 'ne Bock-

Blau-Weiß-Fans im Oberrang des Olympiastadions

wurst oder Wiener. Dazu Kindl oder Schultheiss aus Flaschen. Die 0,33er Flaschen wurden in 0,4-Liter-Becher umgefüllt. Es kamen damals Leute rum, die hatten 'nen Kasten Bier in der Hand und füllten dir das Bier in die Becher ein. Da war wirklich Muskelschmalz angesagt. Die hatten diese 30er-Kästen zu schleppen. Man hatte einfach gewunken, und dann ist einer angekommen. Praktisch, man wurde am Platz bedient. So lief die Gastronomie im Olympiastadion. Wie das im VIP-Bereich ablief, weiß ich nicht. Und klar, es gab auch Bierstände, aber auch an denen gab es nur Bier aus Flaschen. Da bin ich mir ganz sicher.

Kommen wir mal auf die Fanclubs von Blau-Weiß 90 zu sprechen. Gab es damals auch Freundschaften und Kontakte zu anderen Fans?

Ja, zu Nürnberg. Fanclub Wendelstein. Dazu später. Erst mal zu uns Fans. Beim Aufstieg in die 1. Bundesliga gab es nur einen einzigen Fanclub: Der „1. Blau-Weiß 90 Fanclub e.V." Am Ende der Aufstiegssaison 1985/86 traten immer mehr ein und kamen zu den Sitzungen. Da saßen wir jeden Donnerstag mit 30 bis 40 Leuten und es wurde alles besprochen zu Heimspiel bzw. Auswärtsfahrt. Das boomte richtig. Von den anfangs vielleicht zehn Männeken waren es zum Aufstieg um die 70 bis 80 organisierte Fans in diesem einzigen Fanclub. Das Ganze wuchs zunächst weiter an, doch stagnierte es dann ein wenig, weil der sportliche Erfolg ausblieb. Manche dachten schon in der nächsten Saison werden die UEFA-Cup-Plätze angegriffen. Einige waren völlig durchgedreht. Aber es dachten natürlich auch viele, dass in Berlin, wo der Verein angenommen wird und bis zu 40.000 Zuschauer zu Blau-Weiß kommen, zahlreiche Unternehmen in den Verein investieren bzw. Sponsoring machen. Da hatte allerdings Berlin, unserer Meinung nach, versagt. Hätte man damals in Blau-Weiß 90, das damals schuldenfrei war, investiert, würde man eventuell auf Dauer Bundesliga spielen. In Berlin gab es ja noch reichlich Industrie, die vom Bund gefördert wurde. Sicherlich wäre auch eines Tages Europacup möglich gewesen. Die Chance war da. Auch im Jugendbereich war Blau-Weiß damals sehr stark. Deutscher Meister der B-Jugend im Jahre 1983 mit Rüdiger Vollborn. Es war ja nicht so, dass Blau-Weiß ein Popelverein war. Wir hatten tausend Mitglieder und waren in der Jugend erfolgreich. Da waren andere Vereine, die heute groß dabei sind in der Jugend, noch sehr klein gewesen. Zehlendorf, Füchse und Blau-Weiß 90: Das waren damals die Großen in West-Berlin. Man hätte Blau-Weiß mehr sponsern müssen, und man hätte nun mal mehr gute Spieler kaufen müssen. Da hatte die Berliner Wirtschaft leider versagt, und der damalige Berliner Bürgermeister hatte auch nur schöne Reden gehalten. Manche klammerten weiterhin an Hertha, andere klammerten an gar nix mehr. Später, Anfang der 90er Jahre, wurde dann rumgejammert. Tja, selber schuld! Da hatte man zuvor einfach geschlafen.

Nun aber zur Fanszene zurück. Der 1. Fanclub boomte, die Beiträge wurden gezahlt, und auf jeder Sitzung kamen Spieler vorbei. Die Spieler standen bei uns am Donnerstag Rede und Antwort. Die haben dann keinen heißen Tee getrunken oder 'ne halbe Cola, die haben auch mal ein Bierchen mitgeschlürft. Klar, wenn sie selber 'ne wichtige Sitzung hatten, ging das natürlich nicht. Aber ansonsten waren immer Spieler da. Und nicht nur Spieler von der Ersatzbank. Es war Blau-Weiß zum Anfassen. Das waren Menschen wie du und ich. Die

haben nicht solche Millionengehälter verdient wie heute. Damals waren auch die Eintrittspreise, soweit ich mich erinnere, nun wahrlich human. Die genauen Preise habe ich allerdings nicht im Kopf, da ich seit 1986 eine Dauerkarte hatte. Diese kostete 150 Mark und man kam damit auch schneller rein. Die Eintrittskarte für einen Erwachsenen muss so um die zehn bis zwölf Mark gekostet haben. Schlappe fünf Euro. Wenn man überlegt, was heute in der Bundesliga ein überdachter Sitzplatz kostet, da konnten wir damals wirklich nicht meckern. Was das vorhin angesprochene Bier betrifft, so kostete die Flasche im Stadion um die zwei Mark. Das war damals natürlich viel Geld.

Während der Bundesliga-Saison 86/87 gab es großen Zulauf im 1. Fanclub, und irgendwann traten natürlich erste Probleme auf. Es gab da irgendwelche Ungereimtheiten bei den Abrechnungen der Auswärtsfahrten. Da sind wir in Opposition gegangen zum damaligen Vorstand, und das Ergebnis war, dass wir mehr oder weniger rausgeworfen wurden. Kurz vor Ende der Bundesliga-Saison haben wir dann unsere eigene Gruppe gegründet. Diese nannte sich dann „Anhängerclub Mariendorfer Jung's 1987" (tatsächlich mit Apostroph). Somit gab es einen zweiten Fanclub, was ja auch völlig legitim ist. Wir hatten kurzerhand gesagt, wir machen was Eigenes – und dieser Fanclub hat bis heute Bestand. Mit gewissen Unterbrechungen, als etwas runtergefahren wurde. Letztendlich gab es diese Gruppe immer, und es sind ja einige Leute übrig geblieben, die heute noch zu den Spielen gehen und viele Sachen kritisch sehen, was den Verein betrifft. Gegründet hatten wir uns damals in der „Berliner Runde", das war 'ne Kneipe am Kurfürstendamm in der Nähe des Kranzler-Ecks. Das Bier war etwas teurer als woanders, aber das Ganze war halt nicht allzu weit weg vom Olympiastadion. Da wir in der früheren Fanclub-Kneipe rausgeflogen sind, hatten wir uns fortan eben dort getroffen. Am Anfang waren wir sieben, acht Leute. Schnell sind wir auf 16 Mitglieder angewachsen. Wir hatten auch nur Aktive genommen. Leute, die nur Beitrag zahlen und zu Hause bleiben, wollten wir nicht. Lieber eine kleinere Gruppe haben, aber halt mit Leuten, die auch aktiv dabei sind. Anfangs wurden wir noch schief beäugt vom 1. Fanclub. Nur zu klar, wenn man plötzlich eine Konkurrenz im eigenen Haus hat. Zumal auch ein paar Leute von denen zu uns gekommen sind. Allgemein war allerdings der Trend, dass nach dem Bundesligaabstieg viele Leute schnell die Hoffnung verloren hatten und weggeblieben sind. Es waren halt typische Modefans – ach toll, 1. Bundesliga – da sind wir dabei! Während der 1. Fanclub einige Mitglieder verloren hatte, ging es bei uns eher vorwärts. Blau-Weiß hatte ja auch vorerst weiterhin das Monopol in der Stadt, und bis zum Ende der Saison 1987/88 gab es ja die Chance auf eine Rückkehr in die 1. Bundesliga. Am Ende fehlten vier Punkte zum Relegationsplatz. Aber ja, ein Mitglied zu sein und sich bespaßen zu lassen bzw. einen Fanclub zu leiten und zu organisieren, das sind zwei verschiedene Sachen. Wir mussten ja bei allem von vorn anfangen. Fahne anfertigen, Trikots herstellen, Aufnäher, Aufkleber, etc. Das Ganze war mit viel Aufwand verbunden. Wir hatten dann unsere Auswärtsfahrten alleine organisiert und sind halt mit Pkw und später mit Kleinbussen gefahren. Lange Zeit sind wir nicht zusammen mit den anderen gefahren. Man hatte schlecht über uns geredet, man wollte uns mies machen, wir seien Chaoten und Trinker. Und all so 'nen Quatsch. Das alles war schon sehr komisch gewesen. Die vom 1. Fanclub sagten natürlich immer, dass sie die Wahren seien. Aber das haben wir ja dann 1992 gesehen, wer die wahren Fans waren. Nach dem Konkurs von Blau-Weiß konnte man sehen, wer überlebt hatte und den in der C-Klasse spielenden SV Blau-Weiß unterstützte. Damals hatte sich der 1. Fanclub sang- und klanglos aufgelöst. Der war aber vorher schon halb tot gewesen. Wir existieren noch heute, allerdings findest du keinen Nachwuchs mehr. Es ist aber auch schwer, in die Gruppe reinzukommen. Einige haben es versucht, aber es passt nun mal nicht jeder rein. Wir halten allerdings die Tradition hoch und haben zum 35-jährigen Bestehen das Casino gemietet und dort zusammen gefeiert. Tja, und heute sind wir in der Opposition, wenn man sieht, was bei Blau-Weiß 90 zurzeit los ist.

Gehen wir gedanklich noch mal zurück in die späten 80er. Wie sah das eigentlich mit den Schlagkräftigen aus? Gab es da nicht mal diese „Bombers"?

Das war eher von 1990 bis 1992. Aber dazu kann ich dir allerdings nichts sagen, weil ich nicht dabei war. Damals hatten sich jedes Jahr neue Gruppen gebildet. Da gab es plötzlich eine Gruppe, die nannte sich „Berliner Bären". Das waren Ältere gewesen, die vorher auch im 1. Fanclub waren und sich dort ein wenig verarscht gefühlt hatten. Die existierten dann aber auch nicht lange. Es gab wohl Streit untereinander. Und dann gab es noch eine Gruppe, die ein, zwei Jahre existierte, die „Blau-Weiß 90 Iron Eagles". Das waren sehr junge Leute gewesen. Und dann im Jahre 1989 kam die „Havelszene" mit

Auswärtsfahrt nach Freiburg im Dezember 1989 (2. Liga)

ein paar Leuten dazu. Des Weiteren gab es noch die Fanclubs Nord und Süd. Das waren aber echte Mini-Fanclubs. Immer die größten und aktivsten waren halt der 1. Fanclub und der Anhängerclub. Wir haben dann im offenen Kanal auch eine Radiosendung gemacht. Später hatte diese dann das Blau-Weiß-Team übernommen. Monatlich oder alle 14 Tage gab es eine Radiosendung.

Und ja, dann gab es noch die „Black Bombers Berlin". Ich kannte von denen ein paar Leute, aber was da genau lief, weiß ich nicht. Über deren „Aktivitäten" wurde damals im bundesweiten Fanmagazin „Fan-Treff" regelmäßig berichtet. Da durfte jeder aus subjektiver Sichtweise was schreiben, ob es nun stimmte oder nicht. 1992 mit dem Lizenzentzug für die 2. Liga ist diese Gruppe auch wieder verschwunden. Meine Auswärtsfahrten waren von März 1986 bis Dezember 1989. Nach meiner zweiten Amtszeit bin ich 1990 aus dem Anhängerclub ausgetreten, weil ich persönlich mit einigen Leuten nicht mehr so gut klar kam. Von den Gründern waren inzwischen fast alle weg gewesen, und zum Teil hatte man sich wegen Banalitäten zerstritten. Die dreieinhalb Jahre hatten es aber auch wirklich in sich. Ich war wirklich aktiv in der Fanszene ständig unterwegs. Es waren ja nicht nur die Auswärtsspiele. Wir nahmen auch an Fanturnieren teil und waren jedes Jahr zwei-, dreimal in Nürnberg. Was die

Nürnberger betrifft, so ist dies keine klassische Fanfreundschaft. Wir kannten einige von den Nürnberger Fanclubs. Beim Spiel gegen den FCN (1:4 am 28. Mai 1987) waren reichlich Club-Fans in Berlin. Die Nürnberger feiern ja gerne, das heißt, wenn sie nach Berlin fahren, möchten sie nicht nur das Spiel sehen, sondern die Nacht in der Stadt verbringen. Hoch die Tassen! Während am Bahnhof Zoo sich die Hooligans von Hertha und Nürnberg, die ja wirklich größte Feinde sind, gejagt haben, hatten die normalen Fans eine Kneipe gesucht, wo sie ihre Ruhe hatten. Die „Berliner Runde" war eine Kellerkneipe wie in Tschechien, und du kannst nicht sehen, was draußen vor sich geht. Im Gegenzug sieht natürlich auch keiner, wer unten alles drinnen sitzt. Plötzlich tauchten unten in der Kneipe 70 bis 80 Nürnberger auf, die keinen Bock auf Prügeleien hatten. Und als sie da alle so reinmarschiert sind, haben wir klar gemacht: „Das ist unsere Kneipe, aber ihr könnt hier gerne bleiben." Und wie das so ist, wir kamen miteinander ins Gespräch, zumindest so lange man sich trotz Sprachbarriere und steigendem Pegel noch verständigen konnte. Schließlich tauschten wir noch Adressen aus. Die Clubberer meinten: „Ihr seid ja eine lustige Truppe. Wir machen immer Fanturniere. Kommt doch einfach mal runter!" Und so kam es dann auch und die Kontakte hielten über viele Jahre. Leider ist das nun alles vorbei. Wir sind ja alle um einiges älter geworden. Aber es hat uns wirklich immer unglaublich viel Spaß gemacht.

SV Babelsberg 03

von René Kulke

Im Schatten der Mauer: Die Filmstadt und ihre Geschichte

Nur wenige hundert Meter trennten das Babelsberger Karl-Liebknecht-Stadion von der engsten Stelle der DDR, einem damals nur wenige Meter breiten Durchlass durch Grenzanlagen der Berliner Mauer in die Exklave Klein Glienicke. Der Potsdamer Stadtteil Babelsberg hat gleich an mehreren Stellen historische Berührungspunkte mit dem südwestlichen Berliner Stadtrand von Wannsee, Bezirk Zehlendorf, die heute nur noch Einheimische kennen und Gäste kaum wahrnehmen. Sogenannte Interzonen-Züge wurden am heutigen Bahnhof Griebnitzsee penibel kontrolliert. Die Westberliner Exklave Steinstücken war zeitweise nur mit dem Hubschrauber zu erreichen. Weite Teile des Babelsberger Siedlungsgebietes wie die historischen Parkanlagen am Schloss Babelsberg oder die prächtigen Villengrundstücke am Griebnitzsee waren durch Grenzanlagen gesperrt oder nur mit Passierschein zu betreten.

Die Lage zwischen Großstadt und ländlichem Umland prägte die Geschichte des Potsdamer Stadtteils, bevor Babelsberg lange Jahre „im Schatten der Mauer verschwand". Vielen Leuten sind die 1912 gegründeten Filmstudios von Babelsberg bekannt, völlig zu Recht auch, denn sie beheimaten das älteste Großatelier-Filmstudio der Welt und das größte Filmstudio auf dem europäischen Kontinent. Die Studios mussten wegen Platzmangel und Brandgefahr der Zelluloidfilme aus dem dicht besiedelten Berlin verlagert werden. Filmproduktionen wie *Dr. Mabuse*, *Metropolis* oder *Der blaue Engel* vor dem Krieg, zu DDR-Zeiten *Die Legende von Paul und Paula*, *Die Geschichte vom kleinen Muck*, *Spur der Steine*, *Jakob der Lügner* sowie nach 1990 *Sonnenallee*, *Cloud Atlas*, *Der Pianist*, *Inglourious Basterds* oder *Bridge of Spies* zogen viele namhafte Regisseur:innen und Schauspieler:innen an.

Schon ab 1750 – an bewegte Bilder oder gar Filme war noch nicht zu denken – siedelten sich ganz andere Menschen und Gewerke nördlich des alten Bauerndorfes Neuendorf an. Es waren protestantische Glaubensflüchtlinge aus dem habsburgisch-katholischen Böhmen. Die eingewanderten Weber:innen, aber auch Bauhandwerker:innen für den Bau des Neuen Palais in Potsdam hofften hier auf Wohlstand, Toleranz und Glaubensfreiheit, die Friedrich der Große versprochen hatte. Friedrich ließ das Etablissement bei Potsdam planmäßig mit insgesamt 210 fünfachsigen Typenhäusern innerhalb von gut 15 Jahren errichten.

Wenn man heute vom S-Bahnhof Babelsberg die ehemalige Priesterstraße, die heutige Karl-Liebknecht-Straße Richtung Karli (Abkürzung im Volksmund für Karl-Liebknecht-Stadion) hinunter läuft, erinnert noch ziemlich viel an die ersten Siedler:innen. Auf dem Weberplatz findet sich der letzte Maulbeerbaum, der der letztlich erfolglosen Seidenraupenzucht dienen sollte. Eine Hauptstraße führt heute die slawische Bezeichnung Alt Nowawes. Nowawes bedeutet aus dem Tschechischen abgeleitet Neues Dorf. Fast 200 Jahre war dies der Ortsname des heutigen Babelsbergs, der 1938 von den Nazis wegen seiner vermeintlich undeutschen Herkunft getilgt wurde.

Das Karl-Liebknecht-Stadion und die Fußballtradition im Nudeltopp

Genau in diesem Gebiet zwischen dem UNESCO-Weltkulturerbe Park Babelsberg mit Schloss, Gärten und historischen Bauten, dem Weberviertel mit seinem quirligen Straßenleben, bestückt mit Kneipen, Restaurants und Cafés, befindet sich das am 10. Juli 1976 mit einem repräsentativen Spiel zwischen der DDR-Olympiaauswahl und Motor Babelsberg (Endstand 5:0) eröffnete Karl-Liebknecht-Stadion. Namensgeber des Stadions ist der prominente Sozialist und Antimilitarist Karl Liebknecht, der für die SPD 1912 den Reichstagswahlkreis Potsdam-Spandau-Osthavelland eroberte. Das Karli entstand anstelle des schon seit den 1920er Jahren genutzten Sportplatzes an der Priesterstraße und war vermutlich auch aufgrund der beengten Platzverhältnisse als reines Fußballstadion konzipiert. Zu DDR-Zeiten war dies durchaus selten und so schätzten seit jeher

Eröffnungsspiel im Karl-Liebknecht-Stadion 1976
Motor Babelsberg – DDR-Olympiaauswahl 0:5

Spieler:innen und Zuschauer:innen die Nähe zum Geschehen und eben diese besondere Atmosphäre am Babelsberger Park. Erster Gegner im DDR-Liga-Punktspielbetrieb war übrigens am 21. August 1976 Stahl Finow. Motor gewann 6:0.

Die Fußballtradition am Fuße des Babelsberges hat natürlich viele Eltern und so streitet man in Babelsberg bis heute an so einigen Fußballstammtischen, wer denn nun eigentlich in der Tradition des 1903 gegründeten Vereins Jugendkraft Nowawes steht, der Fußball gar nicht im Programm hatte, sondern der damals populären Schwerathletik verpflichtet war. Hier empfiehlt sich der Blick in die Chronik des SV Babelsberg 03 und natürlich in die SV-Babelsberg-03-Fußballfibel. Dort kann man auch nachlesen, dass bereits frühzeitig der bis heute für Nowawes und Babelsberg gebräuchliche Spitzname „Nudeltopp" entstand, der daher rühren soll, dass die Frauen und Mütter den Arbeitern in der Lokomotivfabrik „Orenstein und Koppel" das Essen im Blechnapf an die Werkstore brachten. Die im Stadion vor Spielbeginn angestimmte Kiezhymne „Babelsberch 14482" des lokalen Musikers Hubert „Schabulke" Woithe nimmt auf den sprichwörtlichen Nudeltopp Bezug.

Die richtig großen Jahre in Fußball-Babelsberg waren die 1930er und 1950er-Jahre. Zwischen 1935 und 1938 spielte Nowawes 03 in der

Gauliga Berlin-Brandenburg, der höchsten Spielklasse, vor großen fünfstelligen Zuschauerkulissen gegen die damaligen Spitzenteams aus der Hauptstadt Berlin. Mit Kriegsende wurden die Vereine aufgelöst und die wenigen verbliebenen Kicker gründeten die Sportgruppe Babelsberg.

Von 1949 bis 1958 spielte die aus der SG Babelsberg hervorgegangene BSG Rotation Babelsberg auf dem vormaligen Sportplatz an der Priesterstraße, jetzt Sportplatz an der Karl-Liebknecht-Straße, im Oberhaus des DDR-Fußballs. Als BSG Märkische Volksstimme Babelsberg gestartet, unterlag MV Babelsberg gegen Dresden Friedrichstadt im vorgezogenen Eröffnungsspiel der DDR-Oberliga am 03. September 1949 vor 6.000 Zuschauern 2:12, das torreichste Spiel aller Zeiten der DDR-Oberliga. In der bundesdeutschen Bundesliga gab es noch nie mehr als 12 Tore in einem Spiel. In der Saison 1950/51 erzielte Rotation mit 95 Toren die meisten Treffer, die je zu Oberligazeiten in einer Saison erzielt wurden und stellte im gleichen Jahr mit Hans Schöne (38 Tore in 31 Spielen) den erfolgreichsten Torschützenkönig aller DDR-Oberliga-Spielzeiten. 1953/54 erreichte Babelsberg mit Platz 5 die beste Platzierung. Erfolgreich war die BSG auch im Nachwuchs: Rotations Jugend holte 1955 den FDGB-Pokal und wurde 1956 DDR-Landesmeister.

Motor Babelsberg in der DDR-Liga Staffel B 1982/83

Wie bei vielen Vereinen änderten sich in den Jahren der DDR die Namen. In Babelsberg wurde nach dem Oberliga-Abstieg 1958 ab 1961 unter dem Namen SC Potsdam und ab 1966 als Motor Babelsberg gegen das Leder getreten. In den 1970er und 1980er Jahren spielte Babelsberg meist in der zweitklassigen DDR-Liga oder der drittklassigen Bezirksliga. Anfang der 1980er hätte es fast noch einmal für einen Aufstieg in die Oberliga gereicht. Aber 1981/82 musste man den Eisernen aus Köpenick den Vortritt lassen, 1983/84 erneut als Staffel-Zweiter Stahl Brandenburg oder 1984/85 als Dritter wieder den Unionern und Stahl Eisenhüttenstadt. In der Chronik von Nulldrei steht: „Für die DDR-Liga zu schwach, für die Bezirksliga zu stark." Regelmäßig wurden zu dieser Zeit die besten Spieler „weg delegiert", wie es im DDR-Jargon hieß. Das Gerücht, man wolle Motor Babelsberg wegen der Nähe der Spielstätte zu den Grenzanlagen der Berliner Mauer und möglicherweise unkalkulierbarer Sicherheitsprobleme mit renitenten Fußballfans nicht in der Oberliga haben, hält sich bis heute.

Zur Wende am Abgrund: Neustart mit Zecken

Natürlich wurde es bei Motor Babelsberg auch in den Wendejahren turbulent. Viele Spieler verließen die BSG zu zahlungskräftigeren Westberliner Vereinen, denn der Trägerbetrieb, das Karl-Marx-Werk war 1990 in eine Kapitalgesellschaft umgewandelt worden und hatte unmittelbar die in der DDR übliche Bezuschussung des Vereins eingestellt. In der Saison 1990/91 hätte es fast das endgültige Aus in Babelsberg gegeben, doch eine starke Rückrunde sicherte den Klassenerhalt in der Bezirksliga. Exakt am 10. Dezember 1991 gliederte sich die Fußballabteilung aus dem SV Motor Babelsberg aus, es entstand der unter seinem heutigen Namen bekannte SV Babelsberg 03.

In den frühen 1990er Jahren gab es – heute kaum vorstellbar – viel Wohnungsleerstand und reichlich Hausbesetzungen in Potsdam und Babelsberg. Viele Squatter:innen sympathisierten der Hafenstraße wegen mit dem FC St. Pauli und reisten regelmäßig nach Hamburg ans Millerntor. Vielleicht war es zu aufwendig, vielleicht wollte man etwas Eigenes kreieren. Jedenfalls ging es am Wochenende auch im Karli recht bunt und punkig zu. Aus diesem Nukleus entwickelte

Spieltag im Karl-Liebknecht-Stadion

sich auch das Bewusstsein der Fans und später des Vereins, Fußball eben nicht frei von Politik zu sehen – eher den Verein als Teil einer toleranten, emanzipatorischen und antirassistischen Gesellschaft zu formen und mitzugestalten. Schon sehr früh gab es im damals noch unsanierten und etwas in die Jahre gekommenen Karli Fanzines wie das „Abseits". Bierkästen und Hunde waren noch Jahre gern gesehen im Babelsberger Wohnzimmer. Die Zuschauerzahlen bewegten sich in der ersten Hälfte der 1990er Jahre zwischen 200 und 500 Besuchern. Und schon damals gab es teils heftige Reibereien und wüste Rennereien, wenn die „Zecken" zum Auswärtsspiel aufs Land reisen mussten.

Die Saison 1995/96 war eine erste Wendemarke für die noch überschaubare Fanszene. Denn Mitte der 1990er stieg Babelsberg bei nur einer Niederlage aus der Verbandsliga in die Oberliga auf und ein Jahr später sogar ohne Saison-Niederlage von der viertklassigen Oberliga direkt in die drittklassige Regionalliga Nordost. Dieser sportliche Erfolg zog natürlich mehr Publikum an, auch ungebetene Gäste mit brauner Gesinnung ließen sich damals mehr und mehr im bunten Karli blicken und versuchten wie anderenorts, im Fußballstadion Fuß zu fassen, trafen aber regelmäßig auf Widerstand. Nahezu parallel gab es in der Potsdamer Stadtpolitik aggressive Häuserräumungen und radikale Maßnahmen gegen die Besetzer:innen. Die massiven Konflikte in der Stadt äußerten sich zunehmend auch im Karli. Politische Statements der Nordkurve gefielen nicht allen Besuchern des Stadions und auch nicht der damaligen Vereinsführung. Dies war quasi vorprogrammiert, denn zu jener Zeit war der Potsdamer Baustadtrat, Detlef Kaminski, Präsident des SV Babelsberg 03. Der von ihm verantwortete sportliche Erfolg einerseits und seine Politik gegen die Hausbesetzer andererseits stellten den Verein und seine Fans mehrfach vor Zerreißproben. Trotz dieses ambivalenten Bildes werden seine Verdienste für die sportlich erfolgreichste Zeit des Vereins seit der politischen Wende 1990 heute nahezu durchgängig gewürdigt.

Babelsberger Ultras und eine Sensation im Osten

Im gleichen Jahr, als sich das legendäre „Filmstadtinferno" 1999 gründete und erste Bengalos und Choreographien den Babelsberger Himmel erblickten, stieg die blau-weiße Babelsberger Equipe am Ende der Saison 1999/2000 als Tabellen-Fünfter in die neugegründete Regionalliga Nord auf. Immerhin vor Vereinen wie Dynamo Dresden, dem 1. FC Magdeburg und dem FSV Zwickau. Für wirklich jede und jeden Babelsberger Supporter:in begann ab der Saison 2000/2001 eine neue Episode. Niemals zuvor hatte der SVB bundesweite Pflichtspiele absolvieren dürfen. Anstatt Müncheberg, Parchim oder Bornim, hießen die Gegner neben den schon bekannten Traditionsvereinen des Ostens wie Union, Aue und Sachsen Leipzig ab dieser Zeit erstmals Fortuna Düsseldorf, VfB Lübeck, Preußen Münster, Wattenscheid 09 oder Rot-Weiss Essen.

Nicht einmal Spekulant:innen der späteren Dotcom-Blase hätten zu diesem Zeitpunkt auch nur eine einzige D-Mark auf das Team vom Babelsberger Park gesetzt. Aber unter dem in Murmansk geborenen und in Moskau ausgebildeten Cheftrainer und ehemaligen Nulldrei-Mittelfeldspieler Hermann Andreev spielte das Team eine feine Klinge im Karli und auch im bundesweiten Norden der Regionalliga ein für viele Gegner zu schnelles Kurzpass-Spiel. Große Siege gegen namhafte Rivalen und die besondere Spielkultur ließen die Zuschauer:innenzahlen nur so sprießen. Mehr oder weniger streng organisierte Fanclubs – oder im Babelsberg-Jargon „Zusammenrottungen" – wie Filmstadt Inferno 99, FC Munke oder Idefix 99 sowie „FC Bier hol'n" und „Stehplatz ermäßigt" entstanden in dieser Zeit.

Damit entstanden aber auch reichlich Probleme. Das Karli und seine Infrastruktur wuchsen nicht so schnell mit wie gewünscht. Gleichzeitig hatten diverse Ultragruppen einigen Zulauf und dies spürte man auch auf den Traversen. Es verging kein Spiel in Babelsberg und auswärts ohne Fackeln, Rauch und Gebrüll. Die ersten Konflikte mit den Verbänden, der Staatsmacht und dussligen Ordnertruppen blieben da natürlich nicht aus. Gegnerische Fans, die einen auf dicke Hose machten, wurden hingegen regelmäßig verspottet: 2001 wurde in Potsdam die Bundesgartenschau ausgerichtet: „Ihr könnt zur Buga fahr'n!", skandierten die Fans in der Nordkurve. Oder das populäre „Wir haben Euch was mitgebracht: Abitur!" als Replik auf „Hass! Hass! Hass!" sorgte regelmäßig für Amüsement auf der Gegengerade. Für erlebnisorientierte Fanszenen oder Hooligans der Gastvereine war Babelsberg zu dieser Zeit eher uninteressant.

Als nach beispiellosem Saisonverlauf am vorletzten Spieltag auswärts bei Preußen Münster ein epischer 3:2-Sieg gelang, war alles für das entscheidende Heimspiel gegen Fortuna Düsseldorf angerichtet. Vor 14.700 Zuschauer:innen wurde am 9. Juni 2001 doch tatsächlich die Fortuna geschlagen und Babelsberg 03 stieg hinter „Eisern Union" sensationell in die 2. Bundesliga auf. Die Partys nach dem Spiel gelten in Babelsberger Kneipen noch heute als legendär und sind mit einigen Mythen behaftet. Unter die zahlreichen Besucher bei diesem Spiel hatten sich erneut einige Kameraden gemischt. Im Tohuwabohu nach dem Spiel wurde ihnen abschließend und unmissverständlich deutlich gemacht, dass es im Karli für Nazis keinen Platz gibt.

Chaos und Umbruch – nicht nur im Verein, auch im Kiez

Nur kurz währte die Freude über den Aufstieg von Nulldrei. Denn wie beschrieben waren der Verein, das Umfeld und das Karli so schnell nicht mit dem Erfolg mitgewachsen. Es fehlte für den Profifußball an vielen Randbedingungen: Flutlicht, Parkplätze, Sicherheitsgedöns, Sitzplätze usw. Es war nicht klar, wo Heim- und Auswärtsfans stehen sollen. Auch mussten einige vereinsinterne Posten besetzt werden. Man holte nun Leute, die sich mehr schlecht als recht um Finanzen oder die Fanbelange kümmerten. Gleichzeitig brauchte man eben ein funktionierendes Stadion. Kleinere Maßnahmen wurden realisiert, aber die notwendige grundhafte Instandsetzung blieb zunächst aus. Die Ideen einiger profilierungssüchtiger Politiker für einen Neubau, bei welchem das geliebte Karli hätte weichen müssen und an anderer Stelle ein vermutlich gesichtsloser Arena-Klotz entstanden wäre, ließen sich in der Kürze der Zeit ohnehin nicht realisieren. Und die bunte, kreative, politisch aktive und selbstbewusst-laute Fanszene signalisierte unmittelbar und auch später Widerstand gegen solche Pläne, so dass es bis heute heißt: das Karli am Babelsberger Park.

Die Lage in der Schutzzone des UNESCO-Weltkulturerbes „Schlösser und Parks von Potsdam und Berlin" und die mit dem Zweitliga-Aufstieg verbundene notwendige Installation des Flutlichts brachte eine neue Problematik mit sich. Die Welterbehüter:innen der UNESCO oder die Schlösserstiftung oder beide Institutionen vertraten die Auffassung, die Masten der Flutlichtanlage würden historische Sichtachsen vom Flatowturm „verschandeln". Diesem Umstand verdanken wir bis heute unser einzigartiges Flutlicht. Die Masten lassen sich nämlich wie das Knie eines Beines einknicken und kürzen so die Höhe um ein Drittel. Somit steht dem Blick aus dem Babelsberger Park in die Potsdamer Plattenbaugebiete kein Mast im Weg. Für die folgenden Jahre sollte das Flutlicht im Allgemeinen immer wieder für Stress mit Anwohner:innen und die Knickgelenke im Besonderen für Probleme mit der Technik, dem TÜV und letztlich dem Vereinsportemonnaie sowie dem Stadthaushalt sorgen. Cool sieht es trotzdem aus, wenn sich die Tonnen der vier Flutlichtmasten in Bewegung setzen und man schon vom S-Bahnhof oder der Schnellstraße das Flutlicht über dem Karli leuchten sieht.

Nach einem fulminanten Start in die erste und letztlich einzige Zweitliga-Saison und Siegen gegen Bielefeld und Duisburg war Babelsberg am 4. Spieltag hinter Eintracht Frankfurt punktgleich Dritter mit Mainz 05 und LR Ahlen. An diesem 4. Spieltag wurde der

Eine Besonderheit im Karli: die ausklappbaren Flutlichtmasten

damalige Rivale aus Berlin-Köpenick mit einem sensationellen Spiel nach 0:2-Rückstand zur 70. Minute mit 3:2 nach Hause geschickt. Das Karli drohte aus allen Nähten zu platzen und es gilt bis heute als eines der Top-Spiele überhaupt. Lange Rede, kurzer Sinn: Ab Spieltag 6 gab es den Knacks. Es konnte nur noch zweimal gegen Schweinfurt gewonnen werden und fünfmal wurden die Punkte geteilt. Entgegen der Ankündigungen vor der Saison folgte man nun den vermeintlichen Gesetzen des Profifußballs. Erst musste Co-Trainer Ingo Nachtigall gehen; so etwas hatte es bis dahin nicht im Profifußball gegeben. Später wurde auch der von den Fans verehrte und von den Spielern geschätzte Hermann Andreev entlassen.

Anschließend wurde der gesamte Verein umgekrempelt und irgendwelche Spieler notverpflichtet, genauso wie Trainer und Personen im Vorstand wechselten. Das letzte Spiel von Babelsberg in der zweiten Bundesliga war dann das 1:1 im alten Waldstadion von Eintracht Frankfurt. Es hieß: „Bye, bye, Hannover, Bielefeld, Bochum, Fürth", „Auf Wiedersehen, Union, Mannheim, Reutlingen und Duisburg", auch Oberhausen, Karlsruhe und Aachen mussten wir vorerst „(Bella) Ciao" sagen. Mit Saarbrücken und Schweinfurt stieg Babelsberg als Letzter ab.

Für uns Fans war es ein Abstieg, der schmerzte, aber die gesamte Fanszene nach vorne brachte. Nie gab es so viele Supporter zu Hause und auswärts, nie so viele Fanclubs und organisierte Fahrten. Auch dies war ein Grund für die Gründung des Babelsberger Fanprojektes, das zum jetzigen Zeitpunkt schon seit über 20 Jahren eine tolle Arbeit mit jungen Babelsberger Fußballfans leistet. Dies allerdings auch mit einigen Wertediskussionen und Kämpfen um diese wichtige Institution.

Nach Jahren des Erfolgs ging es zum ersten Mal nach der Wende eine Etage tiefer. Ganz im Gegensatz zum beliebtem Stadtteil Babelsberg: Dieser formte sich zunehmend zum schmucken Wohnzimmer für Reiche und Schöne, aber auch für viele Familien. Viele Alteingesessene konnten sich den Kiez nicht mehr leisten. Die meisten historischen Weberhäuser wurden saniert, die großzügigen oder verwinkelten Straßen im „Nudeltopp" neu gepflastert, es herrschte reges Treiben auf dem Wochenmarkt oder immer zum ersten Advent auf dem Böhmischen Weihnachtsmarkt.

Insolvenz und Spaß dabei

Leider musste man nach dem Zweitliga-Abstieg in Gesprächen in Kneipen und Cafés immer öfter hören, dass der SV Babelsberg 03 in finanzielle Schieflage geraten war. Über mehrere Regionalliga-Jahre und insbesondere durch die wilden Verpflichtungen in der Zweiten Bundesliga hatte der Verein einen Schuldenberg von mehr als einer Million Euro aufgebaut.

Eine schöne Seifenoper spielte sich Anfang der 2000er in der Filmstadt Babelsberg ab. Dem steilen Aufstieg folgte ein Crash, der sich gewaschen hatte. Obwohl Babelsberg zur Winterpause noch auf Platz 11 lag, musste der damalige Vorstand im Frühjahr 2003 die Insolvenz beantragen. Einige der Altlasten aus dieser Zeit, als der Euro eingeführt wurde, belasteten den Verein noch lange. In diese Zeit fällt auch die als Rettungsanker gedachte Übernahme des Karl-Liebknecht-Stadions durch den Verein. Der 2002 geschlossene Erbbaupachtvertrag sichert dem Verein eigentumsgleiche Rechte am Stadion bis ins Jahr 2042. Inzwischen hat sich der von nicht wenigen Unwissenden häufig verfluchte Erbbaupachtvertrag zum Stabilitätsfaktor für den SVB entwickelt, denn der Verein hat damit ein werthaltiges Faustpfand in der Hand. Die Fans nahmen die Rückrunde des Spieljahres 2002/03 nach Phantomschmerzen mit Humor: „Insolvenz und Spaß dabei!" wurde regelmäßig skandiert.

Wie bei vielen anderen Vereinen lief es auch in Babelsberg im Insolvenzstrudel: Sportliche und wirtschaftliche Perspektiven stimmten nicht mehr, Spieler orientierten sich neu und hinter den Kulissen knallte es. Als Drittletzter der Tabelle mussten die Filmstädter nun in die Oberliga absteigen. Bloß gut, dass am 20. August 2003 der Insolvenzplan des Verwalters Ulrich Wenzel angenommen wurde. Somit durfte Babelsberg noch unter dem bekannten Namen SV Babelsberg 03 im Karli auflaufen. Babelsbergs Edelfan Matthias Platzeck, Ministerpräsident des Landes Brandenburgs, beauftragte seinen Finanzminister Rainer Speer mit dem Neuaufbau.

Ganze vier Jahre schmorte Babelsberg in der NOFV-Oberliga, Staffel Nord. In der Zeit gab es interessante Teams wie Torgelow, Wismar, Yesilyurt, Neustrelitz und Schönberg und den heutigen Bundesligisten Union Berlin im Karli zu bestaunen. Und einen neuen unbekannten Rivalen aus der Fontane-Stadt Neuruppin. Was gab es da nicht für Spiele gegen die Förster aus Köpenick, die die Bauernrevolte nach Führung und erneut dramatischen Schlussminuten mit 3:2 verloren. Oder ewige Derbys gegen den Märkischen Sportverein (MSV) aus Neuruppin. Obwohl der ersehnte Aufstieg lange verwehrt blieb, sammelten sich immer mehr organisierte Fans am Babelsberger Park. Eine neue Generation mit anderen Idealen und Vorbildern – eben nicht nur in St. Pauli – war zunehmend wahrnehmbar. Aber auch die Kreativität und den Spaß am Fußball gab es weiterhin: Zu Auswärtsspielen bei Ludwigsfelde reiste die Babelsberger Fangemeinde mit dem Kremserwagen an, gegen die Lila-Weißen von TeBe buchte man den Havel-Dampfer. Dreimal gewann Babelsberg in diesem Zeitraum den Landespokal. Am Finaltag am 1. Juni 2007 brachte eine Partystraßenbahn die Nulldrei-Fans ins Karli zum Finale gegen Ludwigsfelde.

Comeback in die Dritte Liga

Zum wichtigen Meilenstein für den Zusammenhalt und den politischen Standpunkt entwickelte sich ab 2001 das Babelsberger Antirassistische Stadionfest „Der Ball ist bunt". Dieses Fest zog fast 20 Jahre jährlich Tausende Fußballfans und Sympathisant:innen auf die Trainingsplätze des Karlis. Die Initiatoren kamen nicht nur aus der Fanszene des SVB, sondern auch aus dem subkulturellen Umfeld. Das Fest sollte mit den Mitteln des Fußballs auf ganz praktische Art Integration fördern und dem gesellschaftlichen Anspruch Ausdruck verleihen. Lange bevor der DFB seine Antirassismus-Kampagnen initiierte, wurden im Karli das Fußballturnier für Freizeit-Teams aus Einheimischen, internationalen Gästen und Geflüchteten ausgerichtet und große Live-Konzerte veranstaltet. Das Flair dieses Festes prägt bis heute die politische Atmosphäre der Babelsberger Nordkurve, des Stadions und des ganzen SVB. Bis heute ist es Standard, dass in den Kurven Punks neben Oi-Skins supporten, Menschen aus allen Ecken der Welt für Nulldrei singen oder eben gerne auch Regenbogenfahnen neben den Schwenkern mit Konterfeien von Karl Liebknecht und Rosa Luxemburg wehen. Kleinster gemeinsamer Nenner bei Nulldrei ist seit jeher „Nazis raus!".

Nach vier Spielzeiten endete die Tortur der viertklassigen Oberliga und das Team von Trainer Rastislav Hodul stieg in der Saison 2007/08 auf. Die Liga hieß ab sofort Regionalliga Nord. Endlich ging es wieder auf die A2: Endlich wieder Ahlen, Oberhausen und Düsseldorf, endlich wieder den Ossis aus Erfurt, Dresden, Magdeburg und Union „Hallo" sagen, den Nordlichtern aus Lübeck, Hamburg, Emden und Bremen ein „Moin" geben. Natürlich wollten wir auch ins Ruhrgebiet zu Essen und Dortmund oder an den Rand nach Wuppertal sowie nach Verl und Wolfsburg. Für die Fanszene gab es zu jedem Spiel Fanbusse und die Stimmung in der Nordkurve wurde von Capos mit Megaphonen angeheizt. Es war die Zeit, als die Nordkurve sehr geeint auftrat und dies auch nach den Spielen in diversen Kneipen im Stadtteil zu spüren war.

Die angepeilte Qualifikation für die Dritte Liga gelang aber leider zunächst nicht und Dietmar Demuth nahm auf der Trainerbank Platz. Es dauerte zwei weitere Spielzeiten mit Gegnern wie Holstein Kiel, Goslarer SC, VFC Plauen, Chemnitz oder Wilhelmshaven sowie Spielen in Hamburg bei Altona und der Zweeten von St. Pauli, bis es am Ende der Regionalliga-Nord-Saison 2009/10 hieß: Aufstieg als Meister mit 77 Punkten vor der Zweeten aus Wolfsburg, dem CFC und dem Halleschen FC. Babelsberg sollte von nun an in der noch recht neuen bundesweiten Dritten Liga spielen. In dieser Phase des Erfolges war aber auch der sich abzeichnende Umbruch in der Fanszene deutlich zu spüren. Die Ultraszene spaltete sich in verschiedene Gruppen mit erheblichen Animositäten und mehr oder weniger deutlichen Auseinandersetzungen.

Für uns Fans bedeutete die Dritte Liga weitere und teurere Fahrten, aber auch ganz neue Stadien, Fanszenen, Städte und viel Zeit, sich gut kennen zu lernen und neue Freundschaften zu knüpfen. Ab der Saison 2010/11 wurden für die Szene und das Babelsberger Umfeld nochmal ganz neue Maßstäbe gesetzt. Es war nicht einfach eine Drittliga-Saison zu finanzieren mit allem Drum und Dran. Wenn die Ziele nun München, Burghausen, Aalen, Sandhausen, Koblenz,

Stuttgart, Heidenheim, Regensburg, Offenbach, Saarbrücken und Wiesbaden heißen. Da sind Fahrten nach Braunschweig, Rostock, Dresden, Jena, Ahlen und auch Bremen noch wahre Katzensprünge. Wer es trotz aller Bemühungen und Urlaubsplanungen nicht zur Auswärtsfahrt schaffte, gesellte sich in dieser Zeit auch gerne zu unserer Reservemannschaft an die Babelsberger Sandscholle, um Verbandsliga-Fußball zu sehen und die „Zweete" zu unterstützen.

Die oben angesprochenen Grabenkämpfe in der Fankurve ebbten nicht ab. Vielmehr entstanden weitere Splittergruppen, die um den Status des wahren Ultras zu konkurrieren schienen. Für Außenstehende waren die Debatten selten nachvollziehbar und selbst Insider konnten nicht immer erklären, worum sich die Auseinandersetzung gerade drehte.

Mit dem Konjunkturpaket II zur Abmilderung der Folgen der Finanzkrise 2008 wurde das Karl-Liebknecht-Stadion zur Baustelle und der jahrelange Sanierungsrückstau endlich bearbeitet. Die Hintertortribüne zur Karl-Liebknecht-Straße – wegen des hier früher verkehrenden Oberleitungsbusses auch Obus-Seite genannt – wurde abgerissen und mit Toiletten, Kiosk und Fanshop neu gebaut sowie überdacht. Die Haupttribüne wurde mit Sitzschalen statt Bänken erneuert. Das Dach der Haupttribüne wurde verlängert und das Tribünengebäude von 1976 für die modernen Anforderungen saniert. Der Gästeblock war bereits zuvor mit Toiletten und Kiosk ausgestattet worden. Und auf der guten alten Gegengerade inklusive Nordkurve, der geliebten Heimstätte von Ultras und aktiven Supporter:innen, beschränkte man sich auf die Ausbesserung der Zäune und etwas Mauerwerk. Für die sportliche Entwicklung war die Sanierung des Trainingsplatzes von Bedeutung, ebenso der Neubau eines Kunstrasenplatzes mit Beleuchtung anstelle des alten Schotterplatzes.

Der Teufel und der Beelzebub

Es hätte in dieser Saison alles so schön sein können, denn der SVB schaffte unter Trainerlegende Dietmar Demuth doch tatsächlich als Dreizehnter den Verbleib in der Dritten Liga. Ja, wenn, wenn die blöden Finanzen nicht wären. Nach Ende der Saison und dem Gewinn des Landespokals verkündete Brandenburgs Finanzminister und Präsident des SVB, Rainer Speer, am 23. Mai 2011, dass wegen fehlender Sponsoren-Einnahmen eine Lizenzierung durch den DFB nicht zu erwarten sei. Ursache des unvermittelten Offenbarungseides war der Stadtwerke-Skandal, an dessen Beginn der Stadtwerke-Chef und Nulldrei-Aufsichtsratsvorsitzende Peter Paffhausen wegen einer Spitzelaffäre zurücktreten musste.

Um eine zweite Insolvenz zu verhindern, solle die neue Zielstellung nun Oberliga heißen, verkündete Präsident Speer zum Unmut der Fans. Genau ab diesem Moment der Leere und der Enttäuschung fing das Babelsberger Herz wieder an, kreativ und mit voller Leidenschaft zu schlagen. Von wegen Oberliga! Wir hielten es mit Bertolt Brecht: „Wer kämpft, kann verlieren. Wer nicht kämpft, hat schon verloren." Wir wandten die erprobten Methoden der frühen 1990er Jahre an. So wurde erst mal die Geschäftsstelle besetzt. Es wurde Pfand gesammelt und in der Stadt Potsdam demonstrierten Tausende Babelsberg-Sympathisant:innen für den Erhalt unseres Kiezclubs. Gleichzeitig wurden über Barspenden und Bürgschaften etwa 160.000 Euro gesammelt, dabei wurde Pyro für den guten Zweck verkauft. Bekannte Mitglieder der Szene verloren ihr Haupthaar für Tausende Euro; bei Konzerten mitten auf dem zu sanierenden Spielfeld wurden Hektoliter Bier für den guten Zweck und gegen den Gammawert der Leber getrunken. Sogar die Landeshauptstadt Potsdam sicherte eine Einmalzahlung zu. In bemerkenswerter Einheit stand die Fanszene zu ihrem Verein. Weg waren die Querelen der Vergangenheit. Es gab kein FI99 vs. Ultras Babelsberg in diesem Moment. Es gab nur das Ziel, unsere blau-weiße Liebe zu retten.

Am Abend des 1. Juni 2011 hätte man glauben können, in der Filmstadt wird der Oscar verliehen und es ist Silvester mitten im Sommer. Denn der neue Vorstandsvorsitzende und Kiezkinobetreiber Thomas Bastian verkündete, dass sich alle Anstrengungen gelohnt hatten und der DFB die Lizenz für die nächste Saison der Dritten Liga erteilte. Welch ein Jubel, welch eine Freude! Autocorsos, Partys und Gesänge noch tagelang. Unvergessen bleiben die Spendenaufrufe, um via SMS zu unterstützen. Unterstützung und Sympathie aus allen Himmelsrichtungen; es war schön zu sehen, wie Geld von Fans aus Burghausen oder von St. Pauli kam. Es darf aber auch nicht übersehen werden, dass sich der SVB für die Lizenz letztlich an die Kreditabteilung eines großen deutschen Kreditinstitutes binden musste. Ohne die Finanzspritze der Bank wäre die Lizenzierung nicht möglich gewesen. Die Geheimbürgschaften der Stadtwerke wurden durch echte Verschuldung ersetzt. Diese Entscheidung wurde später berechtigterweise scharf kritisiert. In der Euphorie der acht Tage im Mai wurden die damit verbundenen Risiken und möglichen Konsequenzen allerdings nur von Einzelnen hinterfragt.

Sympathien und Antipathien

Apropos St. Pauli: Wie schon beschrieben gibt es seit Anfang der 1990er-Jahre bereits diverse Kontakte und Spielbesuche aus Teilen der Fanszene. Der Hintergrund liegt auf der Hand. Es finden sich viele Überschneidungen sowohl im Wohnumfeld als auch in der politischen Haltung und Widerstandskraft. Noch vor der starken Freundschaft zwischen Filmstadt Inferno 99 und Ultra St. Pauli gab es wechselseitige Besuche und gemeinsame Demoteilnahmen von St. Pauli- und Nulldrei-Fans. Die Braun-Weißen wurden im Berliner Umfeld immer reichlich von Blau-Weiß unterstützt und Babelsberg im Norden auch von Braun-Weiß zum Sieg getragen. Wir wollen hier nicht weiter über die Schande von Schönberg sprechen, lieber von Besuchen bei dem BSC aus Pichelsdorf oder Partys nach Spielen in Altona oder bei der Zweeten am Millerntor. Nicht zuletzt die gemeinsamen Besuche bei Antirassistischen Fußballturnieren in Europa ließen die Bande zwischen Elbe und Havel fester und fester werden. Denn wie heißt es so schön: Wir halten zusammen wie der Wind und das Meer, der FC St. Pauli und die Babelsberger! Neben den Verbindungen zu St. Pauli gibt es auch gute Kontakte zu TeBe, Bremen, der Fortuna aus Düsseldorf und lose Kontakte zu Celtic, Hapoel Jerusalem und ehemals zu Ripo Minsk und Arsenal Kyjiw. Bestimmt habe ich da noch welche vergessen, aber das ändert sich ja immer wieder.

Das Verhältnis zu den beiden angenehmeren Ostvereinen Jena und Chemie Leipzig ist auf Fanbasis etwas schwierig. Ich würde mal sagen, man respektiert sich und haut sich nicht sofort auf die Schnauze. Teilweise hat man ja politisch eine ähnliche Ebene. Ganz schwierig wird es mit unseren politischen Gegnern. Anfangs hieß der Rivale Vorwärts Frankfurt, später Neuruppin oder auch mal Stahl Brandenburg, es kam halt immer auf die Zeit an. Mit einer Reihe von ostdeutschen Traditionsvereinen tut sich das Babelsberger Fußballherz schwer. Meist eben wegen ihrer Fanszene und jahrelanger rechter Fanbegleitung. Lok Leipzig, den Chemnitzer FC, FSV Zwickau, Erfurt, BFC und Halle beobachten die Fans der Nordkurve mit Argwohn. Union, Magdeburg, Dresden und Hansa mal so, mal so, aber doch schon sehr kritisch.

Der Möchtegern-Big-City-Club aus Berlin-Charlottenburg war nach der Wende bei manchen Ossis recht beliebt, auch in Potsdam sieht man an Spieltagen von Hertha einige Leute Richtung Westberlin pilgern. In Babelsberg selber ist man vom Nachbarn nicht sehr angetan. Gab es doch nach einem DFB-Pokal-Spiel 2001 heftige Auseinandersetzungen, die mit einer Häuserräumung durch die Polizei in Babelsberg endeten.

Aber wirklich für fast niemanden, der in seinen Adern blauweißes Blut hat, ist der Rivale aus der Lausitz erträglich. Bei Spielen gegen Energie Cottbus verwandelt sich das Stadionumfeld in ein hochgerüstetes Areal und die Partien enden nicht selten mit Ausschreitungen und Zoff. Hier treffen sowohl im Süden Brandenburgs als auch am Babelsberger Park Welten aufeinander. Welten, die sich nicht vereinen lassen. Die „Zecken" aus Babelsberg gegen die Rechten aus der Lausitz heißt es oft. Und doch euphorisieren diese Spiele beide Fanszenen und sorgen für hohe Zuschauerzahlen.

Endlos in der Regionalliga gefangen?

Der Drittliga-Abstieg ließ sich 2013 nicht mehr verhindern. Die Schergen der Bank hatten versucht, ihre hobbymäßige virtuelle Fußball-Manager-Erfahrung an einem echten Fußballballverein auszuprobieren, Dietmar Demuth entlassen und auf dem Transfermarkt gezockt. Der Hochstapler Klaus Brüggemann aus Berlin, auf Wunsch der Bank als Geschäftsführer berufen, wurde gerade noch rechtzeitig enttarnt. Die weiteren Aufräumarbeiten brachten den Verein erneut an den Rand der Existenz. Dem Durchhaltevermögen und der Hartnäckigkeit des Präsidiums unter dem langjährigen Vorstandsvorsitzenden Archibald Horlitz muss man Respekt zollen.

Aktuell spielt Babelsberg schon seit über zehn Jahren in der Regionalliga. Teilweise ganz dicht am Abstieg dran, teilweise im Mittelfeld. Eine ernsthafte Aufstiegseuphorie wurde bisher leider nicht wieder entfacht; ein Highlight war in den Jahren sicherlich der Sieg im DFB-Pokal gegen Greuther Fürth und das Erreichen der zweiten DFB-Pokal-Runde. Und trotzdem steht man am Park noch immer zu seinem Verein. Inzwischen haben sich die langjährig rivalisierenden Ultra-Gruppierungen wieder angenähert. Das mag daran liegen, dass das Auftreten in Europas Kurven eh immer ähnlicher wird und auch in Babelsberg weniger Witz und mehr Straße zu spüren ist. Aber vielleicht liegt es auch daran, dass viele der Altvorderen in die Jahre gekommen sind, sich dem Fußball eher familiär widmen oder einfach keine Lust mehr haben jungen Heißspornen die gute Kinderstube beizubringen.

Im Sommer 2015 wurde erstmals in Deutschland eine reine Flüchtlingsmannschaft eines höherklassigen Sportvereins zum Spielbetrieb angemeldet. Anfänglich wurde die „Dritte" Welcome United mit hohen Zuschauerzahlen und medialer Unterstützung begleitet, auch um gelingende Integration zu unterstützen und zu fördern. Aktuell gibt es diese Flüchtlingsmannschaft gar nicht mehr, weil wohl viele der Sportler jetzt Arbeit, Studium oder eine Ausbildung gefunden sowie eigene Familien gegründet haben. Vielleicht lag es aber auch am erheblichen Betreuungsaufwand.

Über viele Jahre ging es mit dem Verhältnis der aktiven Fanszene zur Polizei bergab. Mal ist die Staatsmacht überproportional bei stressfreien Spielen vertreten, mal im Handeln weit weg vom angemessenen Einsatz. Der negative Höhepunkt war sicherlich der auch später im Brandenburgischen Landtag als übertrieben festgestellte Polizeieinsatz gegen Babelsberg-Fans beim Landespokalfinale in und gegen Luckenwalde am 28. Mai 2016. Eigentlich sollten sich Fans und Spieler nach dem Gewinn des Finales in den Armen liegen. Daraus wurde allerdings nicht, denn die gut geschützte Polizei unterbrach durch Einsatz von Pfefferspray und Schlagstöcken die Feierei auf dem Platz. Resultat des Einsatzes war

das Ausrufen eines Massenanfalls von Verletzten (MANV). Mehr als hundert Fans aus Babelsberg wurden verletzt und die Rettungskräfte waren mit der Versorgung der Spielbesucher:innen überfordert. Die Narben sowohl am Körper als auch in der Seele sind bei Betroffenen bis heute noch deutlich zu sehen und zu spüren.

Das Karli ist weiterhin ein Anziehungspunkt am Spieltag und verzeichnet nach Jahren der Stagnation aktuell sogar wieder steigende Zuschauerzahlen. Dafür ist natürlich in erster Linie der sportliche Erfolg verantwortlich. Aber vielleicht tragen auch einzelne, noch vorhandene Merkmale der grauen Vorzeit bei: Die in der Dritten Liga zweimal bundesweit ausgezeichnete Stadionzeitung NULLDREI wird immer noch von Fans verantwortet, die in den 1990ern aus der Kurve zum Verein kamen. Für Freund:innen des Ultrastils gibt es am Spieltag noch immer das „Ultra Unfug" als klassischen Schwarz-Weiß-Print zu kaufen. Die dilettantische Musikauswahl wird seit Jahren kritisch begleitet, zu jedem Heimspiel gibt's ordentlich was auf die Ohren. Der rhetorisch begnadete und immer witzige Stadionsprecher und Nulldrei-TV-Kommentator schafft es sogar, seltene Niederlagen im Anschluss bei Nulldrei-TV so zu kommentieren, dass es nicht ganz so bitter ist. Und wer es eben mal nicht in den schönsten Stadtteil der Welt zum Heimspiel schafft, kann sich seit einigen Jahren die Spiele bei Nulldrei FM live anhören.

Wer es dann aber ins Karli schafft, bekommt ganz sicher ein frisches Bier gereicht und hat eine große Auswahl an typischen Stadionspeisen. Seit der Saison 2022/23 legt der Verein sehr viel Wert darauf, bei der Ernährung ein Umdenken zu fördern. So gibt es, für ein Stadion eher untypisch, reichlich vegane Angebote. An anderen Stellen hat die Professionalisierung das früher deutliche umfassendere ehrenamtliche Engagement verdrängt, auch wenn sich „der Verein" bis heute gern damit schmückt.

Einlass zu allen Heimbereichen bekommen die Zuschauer:innen nur über die Karl-Liebknecht-Straße, die Gäste nur über den Gästebereich an der Allee nach Glienicke. Am Heimbereich hält direkt der Bus an der Haltestelle „Karl-Liebknecht-Stadion". Fans mit einem körperlichen Handicap können direkt vom Linienbus aus Zugang zu den Blöcken bekommen. Dreh- und Angelpunkt zur An- und Abreise ist aber das Areal zwischen dem S-Bahnhof Babelsberg und den Haltestellen der Straßenbahn sowie einiger Buslinien am Rathaus Babelsberg. Der S-Bahnhof gehört zum Berliner Tarifbereich C und ist sowohl vom Potsdamer Hauptbahnhof und dem Berliner Zentrum direkt und einfach per S7 zu erreichen. Von hier lohnt sich der Spaziergang zum Stadion. Denn hier spürt man das beschriebene Flair in den zahlreichen Spätis, Kneipen, Cafés, Läden und Restaurants. Es entsteht Vorfreude auf den Spieltag, wenn man im Biergarten oder einfach auf einer Treppe am Café die Leute mit ihren blau-weißen Schals zum Karli laufen sieht. Auch nach dem Spiel finden sich noch Unmengen an Möglichkeiten, das Spiel bei einem gepflegten Bier auszuwerten. Denn wo hat man in Deutschland schon die Möglichkeit, Fußball mitten in der Stadt und direkt am Weltkulturerbe zu zelebrieren? Dazu noch eine laute, kreative und weltoffene Fanszene zu humanen Eintrittspreisen zu erleben? Das alles gab es und gibt es im Herzen von Babelsberg beim SV Babelsberg 03 zwischen Berlin und Potsdam.

Die Mannschaftsaufstellung

Benjamin Schaller zog 2021 berufsbedingt nach Berlin und freut sich über die vielen Auswärtsspiele seines geliebten FC Carl Zeiss Jena, die er seit dem Umzug direkt vor der Haustür hat. Treibt sich aber auch gerne bei Spielen ohne FCC-Beteiligung herum. Die eigene Spielerlaufbahn geriet in der Kreisklasse B ins Stocken.

Daniel Stolzenbach ist ein passionierter Groundhopper und wagte sich mit der TeBe-Fibel das erste Mal auf das Autorenparkett. Derzeit arbeite er an der Komplettierung der Berliner Kreisliga A.

Mika Reckordt hat sich mit 14 Jahren in den SV Meppen verliebt. Seit mehr als zehn Jahren fährt er viel und weit mit Tennis Borussia und ist sowohl Mitglied als auch Dauerkarteninhaber. Schwere Zeiten und Abstiege seiner Vereine verarbeitet er u. a. mit Punkrock.

Janusz Berthold, liebenswerter Prenzlauer Berger Ur-Adel in selbstverständlichem Weinrot. Ferner Internationalist mit unnachahmlich marxistischem Einschlag, Freigeist, Familienmensch sowie freier Autor hier und da. Janusz' Herz ist zu klein für nur eine Sportart – er mag und betreibt auch andere tolle Bewegungsspielchen statt immer nur Fußball.

Thomas Vogelpohl lebt seit zwanzig Jahren in Berlin-Neukölln und ist vor zehn Jahren dem SV Tasmania verfallen, mit dem sich sein Heimatverein SV Meppen seitdem seine Fußballliebe teilen muss. Ist einerseits froh, dass er sich noch nie zwischen beiden entscheiden musste, sehnt sich andererseits aber heimlich auch ein Duell der beiden herbei – in der 3. Liga oder noch besser im DFB-Pokal.

Max Wlodarczak, Jahrgang 1989 und damit offizielles Wendekind, besucht seit vielen Jahren den 1. FC Union und hat darüber hinaus auch Geschmack am Groundhopping gefunden. Wenn er nicht gerade im Fußballkosmos unterwegs ist, ist er als Sozialarbeiter tätig und ehrenamtlich für den Verein Gesellschaftsspiele e.V. aktiv.

Michaela Roßberg ist im Alltag Historikerin und Judaistin und lebt in Berlin. Ihr Herz hat sie allerdings in Babelsberg verloren und ist dort meist im Karl-Liebknecht-Stadion zu finden.

Stefanie Fiebrig hat zwanzig Jahre lang in Berlin gelebt und ihre Fußballheimat Mitte der 2000er Jahre in Köpenick gefunden. Sie schreibt und podcastet beim Union-Blog Textilvergehen. Dass sich das alles einmal so auswachsen würde, konnte damals niemand ahnen.

Dominik Schmidt, Jahrgang 1987, gebürtiger Berliner, Füchse-Fan und seit kurzem Vorstandsmitglied der Fußballabteilung. Qua seiner Verbundenheit vor allem mit dem leistungsbezogenen (Berliner) Amateurfußball viel zwischen Regionalliga und Landesliga unterwegs und mit einer zweiten Vorliebe Tschechien.

Benjamin Moser wuchs unweit des Olympiastadions auf und fand den Weg zu seinem Heimatverein erst nach den tristen 1980er Jahren zum Ende des Jahrtausends. In der Euphorie rund um den Bundesligaaufstieg gekommen, blieb er Hertha BSC – ob Barfuß oder Lackschuh, ob Champions League oder 2. Bundesliga – immer treu. Er ist Autor der Hertha BSC Fußballfibel, die 2023 erschien.

Holger Schellschmidt ist dem BAK bereits seit zwölf Spielzeiten eng verbunden und langjähriger Betreiber des Fanshops und Herausgeber des Spieltagshefts. Weit über die Stadtgrenzen hinaus gilt er zudem als Koryphäe auf dem Gebiet der Hühnerologie.

Andreas Thome ist 1967 in Berlin geboren und kommt seit 1984 von Blau-Weiß 90 nicht mehr los. Mitbegründer des „Anhängerclubs Mariendorfer Jung's", zwischenzeitlich Mannschaftbetreuer sowie Spieler bei den 3. Herren, langjähriger Produzent und Moderator des Blau-Weiß-Magazins im Berliner Bürgerfernsehen sowie Autor von „Heja Blau-Weiß! – Der einzigartige Verein aus Berlin-Mariendorf".

Marco Bertram erblickte 1973 in Berlin-Lichtenberg das Licht der Welt und ist als Buchautor und Fotojournalist tätig. Seit 2008 betreibt er das Onlinemagazin turus.net.

René Kulke geht seit 1988 nicht nur zu den Spielen des SV Babelsberg 03, sondern ist auch besonders an der Geschichte seines Kiezes interessiert. Zudem ist er in der Landeshauptstadt Potsdam ehrenamtlich im Jugendhilfebereich vertreten. Da der Bericht über Nulldrei nicht alleine aus seiner Feder stammt, möchte er sich hier vielmals bei der Mitwirkung und Unterstützung für seinen Beitrag bedanken.

Michael Stoffl kam 2003 aus München nach Berlin, besucht gerne mal ein Fußballspiel und liebt das Reisen in ferne Gefilde. Von seinen Erlebnissen berichtet er in der 2021 veröffentlichten Fußballfibel „In 90 Minuten um die Welt". Unter anderem wirkt er auch als Redakteur beim Zeitspiel-Magazin mit.

Bildnachweis

Felix Natschinski: Umschlag, S. 71, 89, 92, 94, 129, 131, 149, 151, 190

Benjamin Schaller: S. 11, 14, 143, 147

Michael Stoffl: S. 16, 39, 40, 45, 54, 57, 62, 76, 82, 87, 106, 113, 114, 116, 117, 120, 124, 136, 139, 145, 176, 180

Katja: S. 20, 22

Carsten Pikulik: S. 24, 27, 31

Steffen Teichmann: S. 34

Janusz Berthold: S. 36, 41, 43, 47

Reisegruppe Fußballsport: S. 52, 73, 183

HCL Bazić/Tasmanische Teufel: S. 56

Kurzfilm „Bolzmann": S. 59

BArch, MfS, HAII, Fo, Nr. 32, Bild 3: S. 68

BArch, MfS, BdL, Nr. 1646, Bl. 27: S. 69

Herbert Sonnenfeld (Jüdisches Museum Berlin, Inv.-Nr. FOT 88/500/231/019): S. 79

Herbert Sonnenfeld (Jüdisches Museum Berlin, Inv.-Nr. FOT 88/500/231/030): S. 81

Max Wlodarczak: S. 97

Füchse Berlin Reinickendorf e.V. BTSV von 1891: S. 100

Dominik Schmidt: S. 103, 108

Andreas Thome: S. 122, 155, 157, 161, 162, 164, 167

Stefan Markt: S. 134

SV Babelsberg 03, Sammlung Lüscher: S. 173, 174